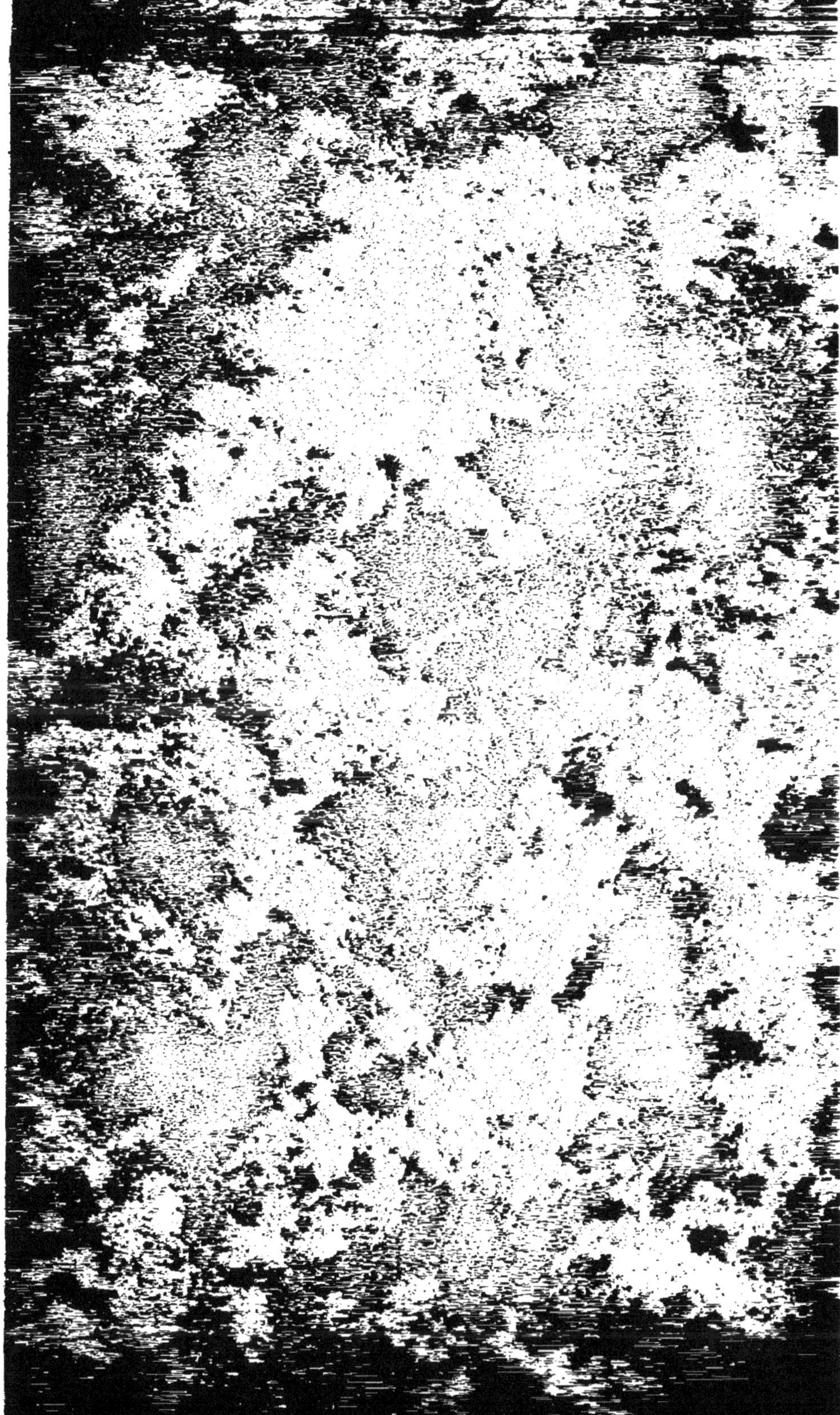

RICHARD-LENOIR

PAR

FR. JOUBERT

TOURS

ALFRED MAME ET FILS, ÉDITEURS

BIBLIOTHÈQUE

DE LA

JEUNESSE CHRÉTIENNE

APPROUVÉE

PAR Mgr L'ARCHEVÊQUE DE TOURS

—

SÉRIE PETIT IN-8°

RICHARD-LENOIR

PAR

FR. JOUBERT

TOURS

ALFRED MAME ET FILS, ÉDITEURS

M DCCC LXIX

RICHARD-LENOIR

CHAPITRE I

Naissance de Richard; sa famille; son apprentissage à Villers-Bocage.

François Richard, dont nous allons raconter l'histoire, naquit au Trélet, hameau de la paroisse d'Épinay-sur-Odon, près de Villers-Bocage, en Normandie (Calvados), le 16 avril 1765. Son père, Pierre Richard, était un petit fermier peu favorisé de la fortune, mais connu par sa probité et par sa bonté. Simple et loyal, il apportait dans ses relations une franchise et une rondeur qui ne ressemblaient guère à cette finesse cauteleuse, si souvent reprochée au paysan normand, mais qui l'exposaient fréquemment à être dupe des gens peu scrupuleux à qui il pouvait avoir affaire. Quand il avait été trompé, il ne se plaignait pas, il n'adressait pas de reproches à ceux qui avaient abusé de sa bonne foi; il se contentait d'éviter désormais d'avoir avec eux de nouvelles relations d'intérêt. Il résulte de là que le nombre de personnes sur lesquelles il pouvait compter en toute assurance était assez restreint; mais s'il faisait des affaires en apparence moins brillantes, au moins elles étaient plus sûres.

Parmi ces derniers, nous devons signaler un petit marchand de Villers-Bocage, nommé François Alavoine, avec qui Pierre Richard avait contracté depuis longtemps une étroite amitié. Les relations avaient commencé à l'époque où Pierre Richard avait pris la ferme du Trélet. Le nouveau fermier, après la rentrée des récoltes, venait régulièrement au marché de Villers-Bocage, qui se tenait le mercredi de chaque semaine, vendre les divers produits de sa ferme. Souvent Alavoine les lui avait achetés en totalité ou en partie, et toujours la bonne foi la plus scrupuleuse avait présidé de part et d'autre à ces transactions. Lorsque Alavoine, dont le commerce était restreint, ne pouvait faire emplette que d'une partie des denrées apportées par Richard, il donnait à celui-ci des conseils sur la manière d'écouler le reste le plus avantageusement possible, et toujours notre fermier s'était bien trouvé d'avoir écouté ces avis.

Leur liaison, fondée sur de telles relations et sur une estime mutuelle, n'avait donc fait que se resserrer avec le temps; aussi personne ne s'étonna qu'à la naissance du fils dont nous avons parlé en commençant, Richard eût choisi Alavoine et sa femme pour être parrain et marraine du nouveau-né, et que ceux-ci eussent accepté avec empressement cette invitation. Le baptême fut suivi, selon l'usage, d'un repas et d'une petite fête de famille, où l'on but à plusieurs reprises à la santé du nouveau-né, en accompagnant ces *toasts* des souhaits les plus chaleureux pour son bonheur futur. A cette occasion, M. Alavoine dit à Richard :

« Ah çà ! maître Pierre, mon brave compère, vous voilà heureux d'avoir enfin un fils (les époux Richard n'avaient eu jusque-là que des filles) ; maintenant il s'agit de savoir ce que nous ferons de ce garçon-là ?

— Mon Dieu ! monsieur Alavoine, répondit Pierre, je ne puis pas dire que je ferai de mon fils ceci ou cela ; c'est bon pour les nobles et les riches de savoir à l'avance ce que seront leurs enfants : quant à moi, qui ne suis richard que de nom et qui ai toujours été pauvre comme Job, je tâcherai d'élever mon fils de manière qu'il soit un honnête homme et un bon chrétien, et après cela il deviendra ce qu'il plaira à Dieu.

— Bien parlé, mon cher Pierre; oui, songez avant tout à faire de votre fils un bon chrétien, — car alors il sera nécessairement un honnête homme, — et ne vous inquiétez pas du reste. Cependant il n'est pas défendu de penser à l'avenir de ses enfants et de s'occuper de bonne heure de diriger leur goût vers l'état ou la profession qui nous paraîtra le plus convenable à leur penchant et à leur position. Par exemple, tenez-vous à ce que votre fils soit cultivateur comme vous et vous remplace dans la ferme du Trélet?

— Oh! je n'y tiens guère, car une petite ferme comme celle que j'exploite peut à peine procurer de quoi ne pas mourir de faim; encore ne pourrais-je garantir de la laisser à mon fils, car le bail finira avant qu'il ait atteint l'âge de travailler; et si c'est encore le même régisseur qui soit chargé des affaires du propriétaire, je doute qu'il me soit possible de renouveler ce bail; car je sais positivement qu'il a l'intention de l'augmenter, et dans ce cas il me serait de toute impossibilité de m'en charger.

— Eh bien! ne pourriez-vous pas tâcher de donner à votre enfant un autre état que celui de laboureur, lui faire apprendre une profession manuelle, ou le mettre dans le commerce? Dans ce dernier cas, je pourrai peut-être lui être utile, et en ma double qualité de son parrain et d'ami de son père vous pouvez être persuadé que je n'épargnerai rien pour l'aider, s'il embrasse cette partie.

— Merci, mon bon monsieur Alavoine, j'accepte avec reconnaissance l'offre que vous me faites, et si jamais l'occasion s'en présente, je vous rappellerai votre promesse d'aujourd'hui.

— Et soyez persuadé que je ne l'oublierai pas, et que je serai toujours prêt à l'exécuter. Seulement il sera nécessaire que vous envoyiez l'enfant à l'école, dès qu'il sera en âge d'y aller; car il est indispensable, s'il veut entrer dans le commerce, qu'il sache bien lire, écrire et calculer.

— Oh! ceci est bien mon intention; je n'ai que trop appris par ma propre expérience ce qu'il en coûte de ne savoir ni lire ni écrire, et je me suis dit, il y a longtemps, que si Dieu m'envoyait un fils, je sacrifierais tout pour lui faire donner de l'instruction. Je voudrais même, si j'étais assez riche, l'envoyer faire toutes ses classes au collége.

— Pour cela, je n'en vois pas la nécessité; ce serait bon si pouviez faire de votre fils un notaire, un avocat ou un médecin; mais comme vous n'avez pas le moyen de le lancer dans ces carrières, contentez-vous de l'envoyer à l'école de votre village, et tâchez qu'il profite des leçons qu'il y recevra, et de celles que lui donnera M. le curé, quand il sera en âge de faire sa première communion. »

Pierre Richard suivit les conseils de son ami, et dès que le petit François eut atteint l'âge de sept ans, il l'envoya à l'école. L'enfant montra d'abord d'excellentes dispositions, qui se soutinrent et ne firent que s'affermir par la suite. A l'âge de douze ans, il avait fait de tels progrès, que le maître d'école d'Épinay déclarait qu'il ne pouvait plus rien lui montrer, et que François était aussi savant que lui. Cela ne prouvait probablement pas beaucoup en faveur de la science de l'un et de l'autre.

Pendant ce temps-là, la liaison qui existait entre les familles Alavoine et Richard s'était maintenue sans altération; une circonstance particulière la rendit encore plus intime. En 1768 ou 1769, Mme Alavoine donna le jour à une fille que les époux Richard tinrent sur les fonts baptismaux, et qui reçut le nom de Marie, du nom de sa marraine.

« Nous voilà doublement compère et commère, dit en riant M. Alavoine après la cérémonie; qui sait si l'affinité établie entre nous par cette double alliance spirituelle ne recevra pas un jour une nouvelle consécration par le mariage de ces deux enfants?

— Ce serait un grand honneur pour nous, dit la maîtresse Richard; et c'est un rêve que je serais heureuse de voir se réaliser; mais bien des années doivent écouler d'ici là, et, sans parler de tant d'autres obstacles qui peuvent survenir, je ne puis me figurer que vous parliez sérieusement, et que, quand le moment sera venu, vous serez disposé à donner votre fille, qui sera riche, au fils d'un pauvre cultivateur sans fortune.

D'abord, ma digne commère, reprit Alavoine toujours souriant, je ne sais pas où vous prenez qu'il y a tant de disproportion entre votre fortune et la mienne. Si vous êtes de simples fermiers peu aisés, je ne suis de mon côté qu'un petit marchand de campagne, qui ai bien de la peine à joindre les deux bouts; avec cela, je suis chargé d'une famille plus nombreuse que la vôtre, et la part qui reviendra dans ma succession à chacun de mes enfants sera bien modique; aussi je les élève à ne pas compter sur ce que je leur laisserai, et à ne se fier qu'à leur travail et à leur bonne conduite. Vous élevez vos enfants dans les mêmes principes, et voilà pourquoi je pense qu'une alliance entre eux n'est pas impossible. Comme vous le dites, maîtresse Richard, pour le moment ce n'est qu'un rêve; mais c'est un rêve qui n'a rien d'ambitieux de part ni d'autre, et qui, à cause de cela, pourrait bien, s'il plaît à Dieu, se réaliser un jour. »

La maîtresse Richard n'oublia jamais ces paroles de son compère Alavoine, et nous la verrons plus tard les répéter à son fils; quant à son mari, il n'y attachait pas grande importance, et ne regardait ces propos de son ami que comme l'expression d'une pensée purement bienveillante pour lui, mais qui ne pouvait avoir rien de sérieux.

Lorsque le jeune François, ayant atteint l'âge de douze ans, eut fait sa première communion, son parrain, qui avait suivi avec intérêt ses progrès à l'école et au catéchisme, fut le premier à rappeler à Pierre Richard la promesse qu'il lui avait faite autrefois d'initier son fils au commerce, s'il montrait des dispositions pour cette partie. Le fermier accepta avec empressement, et l'on tomba bientôt d'accord sur les conditions de l'apprentissage. Il fut convenu d'abord que, pendant la belle saison, François irait passer les jours de marché seulement, c'est-à-dire tous les mercredis, chez le sieur Alavoine, qui l'emploierait aux travaux ou aux écritures de sa maison. Les autres jours de la semaine, l'enfant reviendrait à la ferme, pour aider ses parents aux travaux des champs. Mais à partir de la Toussaint jusqu'à Notre-Dame de mars (le 25), François resterait tous les jours ouvrables de la semaine chez son patron, et ne reviendrait dans sa famille que les dimanches et les jours de fête. Pendant la première année, l'enfant n'aurait pas d'appointements, il ne gagnerait que sa nourriture les jours de présence chez son patron;

cependant, au bout de six mois, si celui-ci en était content, il lui accorderait, à titre de prime d'encouragement, un léger bénéfice sur chacun des articles dont il aurait opéré directement la vente.

François fut enchanté de cet arrangement, et c'est avec une vive impatience qu'il attendit le mercredi suivant pour entrer chez son parrain en qualité d'*apprenti négociant*.

Quelques mots maintenant sur la famille Alavoine et sur la nature de son commerce.

De dix enfants que les époux Alavoine avaient eus, il ne leur en restait, à cette époque, plus que cinq, trois garçons et deux filles. L'aîné des garçons et de toute la famille avait alors une trentaine d'années. Après avoir été contre-maître dans une fabrique d'Alençon, il avait épousé la fille de l'un des patrons, et était maintenant associé à cette maison. Le second, qui n'avait que dix-huit ans, était clerc d'un notaire de Caen, et son père avait le projet de lui acheter une étude à Villers-Bocage quand il aurait fini son stage. Le plus jeune des garçons, qui n'était guère plus âgé que François Richard, était au collége de Caen et paraissait disposé à entrer dans l'état ecclésiastique. L'aînée des filles avait une vingtaine d'années; elle était encore dans sa famille, mais elle devait bientôt se marier avec le collecteur de Villers-Bocage (c'était le nom que l'on donnait au fonctionnaire chargé de recevoir les impôts, et que nous appelons maintenant percepteur); le cinquième enfant était la petite Marie, qui avait alors six à sept ans.

Comme on le voit, d'une si nombreuse famille il ne restait aux époux Alavoine, pour les aider dans leur commerce, que leur fille aînée; encore était-elle sur le point de les quitter pour se marier. Or ce commerce était assez compliqué; car il consistait, comme cela se pratique encore dans bon nombre de petites villes et de bourgades, dans la vente au détail d'une foule d'articles dont chacun fait ordinairement dans les grandes villes l'objet d'un commerce spécial. Ainsi Alavoine était tout à la fois épicier, droguiste, fruitier, marchand de draps, d'étoffes diverses, de toiles et de cotonnades; il tenait la quincaillerie, la mercerie, la faïence, la poterie, la bonneterie, etc. etc. etc.; car il serait plus facile d'énumérer les articles en dehors de son commerce que ceux qui en faisaient partie.

Ceux de nos lecteurs qui n'ont pas habité la province pourraient croire qu'un personnel considérable eût été nécessaire pour satisfaire aux exigences d'un trafic aussi multiplié; mais nous leur ferons observer qu'excepté les jours de marché, la boutique d'Alavoine n'était fréquentée que par un bien petit nombre de chalands, et une personne suffisait aisément à les servir. Le mercredi, c'était bien différent: les habitants des campagnes voisines affluaient au marché de Villers-Bocage, et la boutique d'Alavoine ne désemplissait pas du matin au soir. Ce jour-là, le mari, la femme, la fille aînée, la domestique et souvent une ou deux personnes de confiance que l'on prenait comme aides, avaient peine à satisfaire aux demandes de toutes les pratiques. La présence d'un nouvel apprenti n'était donc pas inutile dans ces circonstances, et l'on comprend que c'était autant dans son propre intérêt que dans celui de son filleul, qu'Alavoine remplissait aujourd'hui la promesse qu'il avait faite autrefois à son père.

Voilà donc Richard installé chez son parrain, et entrant péniblement dans une carrière qu'il devait parcourir d'une manière si honorable, on pourrait même dire si glorieuse.

Dès les premiers moments, Alavoine fut charmé de son intelligence et de ses heureuses dispositions. En peu de temps il fut au courant de la vente des principaux articles du commerce de son patron, et il montra, dans la manière de traiter les affaires avec les pratiques, un aplomb et une aisance qui étonnaient son patron.

Quand vint l'hiver, et qu'il demeura à peu près toute la semaine à Villers-Bocage, son parrain le chargea de tenir les écritures de sa maison. Hâtons-nous de dire que ces écritures étaient fort peu compliquées; loin d'être en *partie double*, elles étaient ce qu'il y a de plus simple, nous dirons presque, de plus primitif. Elles consistaient en un registre qu'Alavoine appelait son *journal*, sur lequel on inscrivait seulement les ventes faites à crédit; puis, dans un autre registre, qu'il appelait pompeusement son *grand-livre*, était porté le compte de chaque débiteur, extrait du livre-journal. Il y avait bien encore un livre de recettes et de dépenses, qu'Alavoine appelait son *livre de caisse*; mais il le tenait lui-même, et ne le communiquait à personne qu'à sa femme.

L'écriture du jeune Richard, quoique assez bonne, était encore celle d'un écolier; mais Alavoine, qui écrivait difficilement et assez mal, la trouvait admirable; aussi, dès le mois de décembre, c'est-à-dire cinq mois environ après son entrée à la maison, il fixa ses appointements à dix francs par mois, et à cinq pour cent sur le bénéfice de la vente des rayons de toiles et de cotonnades dont il était spécialement chargé le jour de marché. Cette prime monta, pour le mois de décembre, à quatorze livres douze sols six deniers, ce qui, avec ses appointements, formait la somme de vingt-quatre francs soixante-sept centimes, selon notre manière actuelle de compter. Son patron le paya, le 31 décembre, en un beau louis d'or et en une pièce neuve de douze sols, que François s'empressa d'apporter à ses parents. C'était le premier argent qu'il gagnait, et il était heureux et fier de leur offrir pour étrennes ce premier fruit de son travail.

Le jeune Richard resta environ cinq ans chez son parrain, à peu près dans les mêmes conditions que celles dans lesquelles il y était entré. Alavoine n'avait pas tardé à reconnaître et à apprécier les excellentes qualités de son filleul, et son aptitude réelle pour le commerce; mais en même temps il avait compris que ce n'était pas dans sa boutique, ni dans le genre d'affaires qui se traitaient à Villers-Bocage, que ce jeune homme pourrait développer ses dispositions et acquérir une véritable connaissance du commerce. Il en parla à Pierre Richard, qui se contenta de répondre : « Vous savez mieux que moi, mon cher Monsieur, ce qui convient à mon fils; seulement nous serons contrariés, sa mère et moi, de le voir s'éloigner de nous; mais si c'est pour son bien, nous en ferons volontiers le sacrifice. »

Le jeune François, de son côté, ne demandait pas mieux que de voyager, et de voir de près ces grandes fabriques d'où sortaient ces belles marchandises dont il n'avait vu que des échantillons dans les cartons de quelques commis voyageurs, qui venaient de temps en temps faire des offres à son patron. Alavoine écrivit à son fils aîné, celui qui était établi à Alençon, pour lui proposer de prendre pendant quelque temps le jeune Richard dans leur fabrique. Malheureusement le personnel de cette fabrique était au complet. Le fils Alavoine répondit à son père qu'il ne saurait à quoi employer son jeune protégé, mais qu'il pourrait lui donner une lettre de recommandation pour un fort marchand de toiles de Rouen, nommé Hermel, avec qui il était en relation d'affaires. Il était persuadé que ce négociant, qui employait de nombreux commis, ne ferait aucune difficulté de recevoir le jeune Richard dans sa maison.

Cette proposition fut acceptée par tout le monde, et même avec enthousiasme par François Richard, qui était enchanté d'aller dans une grande ville comme Rouen, plutôt que dans une ville du troisième ordre, comme Alençon. Les préparatifs du voyage furent bientôt terminés, et, dans les premiers jours de mai 1782, François Richard, alors âgé de dix-sept ans, quitta sa famille, son parrain et son village, se dirigeant vers la capitale de la Normandie. Il emportait seulement quelques écus de six livres que son patron lui avait donnés à titre de gratification, car il n'avait rien économisé de l'argent qu'il avait gagné à Villers-Bocage; au fur et à mesure qu'il le touchait, il le donnait à son père, qui était toujours dans la gêne.

Le départ de François laissait sans doute un vide dans la maison d'Alavoine; car il était parfaitement au courant des affaires, et il tenait les écritures avec toute la régularité possible dans cette comptabilité peu compliquée. Mais outre le motif que nous avons signalé, et qui avait décidé le père Alavoine à se priver des services de son filleul dans l'intérêt même de ce jeune homme, une autre considération l'avait en quelque sorte contraint à prendre ce parti, comme mesure d'économie devenue nécessaire dans sa position. En effet, il venait d'acheter une étude de notaire à son fils puîné; il avait, l'année précédente, marié sa fille aînée, et quoiqu'il ne lui eût pas donné une dot considérable, cette somme n'en était pas moins sortie de son commerce; enfin, les dépenses pour compléter l'instruction et l'éducation de son troisième fils, de *l'abbé*, comme on l'appelait déjà, devenaient plus considérables d'année en année. Toutes ces causes réunies forçaient donc le père Alavoine à restreindre autant que possible ses frais de maison, et à retrancher toute dépense superflue; or, quoique l'entretien d'un commis tel que François Richard ne fût pas très-coûteux, il l'était encore assez pour être une charge trop lourde dans la situation où se trouvait Alavoine. D'ailleurs la petite Marie venait d'atteindre sa douzième année; elle avait, pour ainsi dire, été bercée dans le commerce tel que le faisaient ses parents, elle avait une fort jolie écriture, elle était vive, adroite, intelligente, et elle plaisait à toutes les pratiques par sa gaieté et son amabilité; elle pouvait donc parfaitement remplacer François Richard, soit pour la vente, soit pour la tenue des livres. Enfin, le père Alavoine n'avait pas renoncé à l'idée d'unir un jour sa petite Marie à son filleul, et même de leur céder son établissement; mais le moment n'était pas encore venu, et en attendant il jugeait qu'il était nécessaire à François de compléter son éducation commerciale, sans compter que pendant cette absence le caractère du jeune homme se développerait, et qu'après cette sorte d'épreuve, le père verrait s'il serait réellement digne d'épouser sa fille.

CHAPITRE II

Arrivée de Richard à Rouen. — Son entrée chez M. Hermel. — Ce que c'était que M. Hermel.

Quelques jours après son départ de la maison paternelle, le jeune Richard arriva à Rouen. Il se rendit aussitôt, sa lettre de recommandation à la main, chez M. Hermel, un des principaux négociants de cette ville. Il fut reçu à la porte par une espèce de valet en livrée, à l'air passablement insolent, qui l'introduisit auprès du patron, en l'annonçant en ces termes: « Monsieur, voilà un jeune paysan qui demande à vous parler.

— Que me veut-il? » dit d'un ton assez brusque et sans se déranger M. Hermel, qui était assis devant une table-bureau, et paraissait occupé à écrire ou à faire des calculs.

« Que voulez-vous à Monsieur? » reprit le domestique en s'adressant à Richard d'un air dédaigneux.

Notre jeune homme avait été d'abord un peu déconcerté du ton sec du patron, lui qui était accoutumé aux manières si bienveillantes du père Alavoine; mais l'arrogance du valet le choqua; il se contint cependant, et répondit avec calme : « Je désire remettre cette lettre à M. Hermel, et j'en attends la réponse. »

Le domestique prit la lettre sans ajouter un mot, et la porta à son maître. Celui-ci, après avoir jeté un coup d'œil sur l'adresse, se tourna du côté de Richard, qui était resté sur le seuil de la porte du cabinet, sans y entrer, et lui dit : « C'est vous, jeune homme, qui m'apportez cette lettre; de qui vient-elle?

— De M. Alavoine, d'Alençon.

— C'est bien, reprit-il d'un ton un peu plus radouci; asseyez-vous là; je suis à vous dans un instant. » Et il continua d'écrire et de calculer. Au bout de dix minutes, qui parurent un siècle au pauvre Richard, M. Hermel plia ses papiers, les mit sous enveloppe, et, après les avoir cachetés, les donna à son domestique pour les porter à la poste. Quand celui-ci se fut éloigné, M. Hermel ouvrit enfin la lettre de son correspondant d'Alençon.

Le cœur battait bien fort à Richard tandis qu'il la lisait.

Après cette lecture, le négociant se tourna du côté de Richard, et, avant de lui adresser la parole, il parut l'examiner avec attention de la tête aux pieds. Cette inspection terminée, M. Hermel dit d'un air indifférent : « Est-ce que vous avez été employé dans la maison Fauvel-Alavoine et Cie, d'Alençon ?

— Non, Monsieur ; j'ai été pendant cinq ans apprenti, puis commis chez M. Alavoine le père, à Villers-Bocage, et c'est là que M. Alavoine le fils m'a connu, lorsqu'il venait voir sa famille.

— Ah! oui, je sais; M. Alavoine le père est un petit détaillant de Villers-Bocage; mais ce n'est pas dans une maison de ce genre qu'un jeune homme peut apprendre le commerce. Et que faisiez-vous chez le père Alavoine?

— Un peu de tout; mais j'étais spécialement chargé de la vente des tissus et de la tenue des livres.

— De la tenue des livres! s'écria M. Hermel avec un accent ironique de surprise; peste, ce n'était pas petite affaire! Et en quoi consistaient, s'il vous plaît, les écritures du bonhomme Alavoine? »

Richard le lui expliqua succinctement, et le négociant reprit en souriant : « C'était là tout?

— Oui, Monsieur.

— Vous n'avez pas reçu d'autres leçons sur la tenue des livres?

— Non, Monsieur.

— En ce cas, mon enfant, vous n'en êtes encore qu'à l'A, B, C, et je doute fort que vous puissiez m'être de quelque utilité dans cette partie, quoique M. Alavoine fils me dise dans sa lettre qu'au besoin je pourrai vous employer aux écritures. Tenez, ajouta-t-il en tirant des casiers où ils étaient placés plusieurs gros registres qu'il rangea sur un long pupitre à côté les uns des autres, pourriez-vous me dire ce que c'est que ces livres-là, et à quoi ils servent? »

Richard s'approcha en rougissant de ces gros volumes, sur l'un desquels était écrit le mot *Caisse*, sur un autre *Marchandises générales*, sur un troisième *Effets à recevoir*, sur un quatrième *Profits et Pertes*, etc. Après avoir ouvert quelques-uns de ces livres, et en avoir parcouru quelques articles, il avoua en rougissant plus fort qu'il n'en comprenait pas l'usage.

« Je m'en doutais, reprit M. Hermel, et je vois, mon enfant, que vous n'avez pas la moindre teinture de la comptabilité commerciale; après cela, si vous avez une écriture passable et de la bonne volonté, vous pourrez peut-être vous mettre facilement au courant; en attendant on pourrait vous employer au *copie de lettres* et à faire des factures. Voyons d'abord votre écriture. » En disant ces mots, il plaça du papier, une plume et de l'encre sur une table, et invita le jeune Richard à écrire ce qu'il allait lui dicter.

Le pauvre garçon s'assit fort ému, prit la plume, qui était assez mal taillée, et, sans oser en faire l'observation, écrivit une dizaine de lignes que lui dicta le négociant. Celui-ci, après avoir jeté un coup d'œil sur la feuille de papier que lui présenta Richard, fit une légère grimace en disant : « Décidément, mon enfant, vous n'êtes pas même capable de tenir le *copie de lettres* ; votre écriture est encore celle d'un écolier, et vous faites beaucoup trop de fautes d'orthographe ; je ne vois pas vraiment à quoi je pourrais vous employer.

— Je reconnais, en effet, Monsieur,

reprit humblement Richard, que mon écriture laisse beaucoup à désirer; mais je prendrai des leçons pour la perfectionner et pour connaître la tenue des livres, telle qu'elle se pratique dans les grandes maisons de commerce comme la vôtre; seulement, en attendant, ne pourriez-vous pas m'employer à la vente? car, je vous l'ai dit, chez M. Alavoine j'étais chargé de la vente des draps, des toiles, des indiennes, et l'on trouvait que je m'en tirais assez bien.

— Mais, mon garçon, ma maison est surtout une maison de gros, et mes affaires principales, pour l'achat comme pour la vente, se négocient à la bourse, soit directement, soit par l'entremise des courtiers; souvent aussi elles se traitent par correspondance, ou par l'intermédiaire de mes commis voyageurs. J'ai bien, il est vrai, un magasin de détail que j'ai établi sur la demande d'un grand nombre de familles bourgeoises de Rouen, et où j'emploie un certain nombre de jeunes gens pour vendre directement aux consommateurs des toiles de Perse, des foulards de l'Inde, des nankins de Chine, et autres articles de mode et d'un prix élevé; tous ces commis ont de vingt-cinq à trente ans, car il ne faut être ni trop vieux ni trop jeune pour remplir ces fonctions; de plus, il faut une tenue irréprochable, des manières engageantes, un langage pur et gracieux; en un mot, un certain air de distinction, un ton de bonne compagnie, qu'on n'acquiert que par l'usage et par la fréquentation de la bonne société. Vous voyez, mon ami, que d'abord vous êtes trop jeune pour faire partie de ces employés; puis, avec vos manières simples, votre costume villageois, vous vous trouveriez singulièrement déplacé au milieu de ces jeunes gens qui ont l'air de jeunes gentilshommes, quoiqu'en réalité ils ne le soient pas plus que vous; vous n'en seriez pas moins exposé à des railleries et à des désagréments auxquels je ne voudrais pas vous exposer.

— Ainsi, Monsieur, dit tristement Richard, vous ne pouvez me donner aucun emploi?

— En effet, je ne vois pas trop ce que je pourrais faire de vous, dit M. Hermel d'un air compatissant; et cela me contrarie, car vous me paraissez un brave garçon, et, d'un autre côté, j'aurais tenu à faire plaisir à mon correspondant d'Alençon, en vous gardant chez moi.

— Et moi aussi j'aurais été bien aise d'entrer dans votre maison, reprit Richard; mais, ajouta-t-il en soupirant, puisque cela est impossible, veuillez au moins avoir la bonté de m'adresser et de me recommander à quelques-uns de vos confrères; peut-être serai-je plus heureux qu'ici, et trouverai-je à me caser.

— Ce serait assez difficile : parmi ceux de mes confrères à qui je pourrais parler en votre faveur, je n'en connais aucun dont le personnel ne soit au grand complet. » Ici, il s'arrêta un instant, en ayant l'air de réfléchir; puis il reprit, comme en se parlant à lui-même : « Cependant il serait fâcheux de laisser dans l'embarras un garçon qui me paraît honnête, et qui m'est si chaleureusement recommandé par un ami. » Encore nouveau silence, pendant lequel il se promenait à grands pas dans son cabinet, en paraissant chercher dans son esprit la solution de cette difficulté. Puis, s'arrêtant tout à coup devant Richard : « Puisque vous paraissez tant désirer, dit-il, rester dans ma maison, je consens à vous garder en qualité de surnuméraire.

— Oh! merci, Monsieur, s'écria Richard, dont le visage s'était illuminé d'une joie subite, merci mille fois. » Et il pressait les mains de M. Hermel avec effusion.

« Seulement, reprit celui-ci, comme la qualité de surnuméraire ne saurait être, ainsi que vous le comprenez sans doute, un titre à l'oisiveté, dites-moi, à quoi pourrons-nous vous occuper? car, ne connaissant pas votre aptitude, je ne saurais le dire moi-même.

— A tout ce que vous voudrez, Monsieur, reprit vivement Richard, aux emplois les plus humbles, s'il le faut, jusqu'à ce que vous m'ayez jugé capable d'occuper une position plus élevée.

— Allons, c'est entendu, reprit le négociant avec une satisfaction visible, à compter de ce moment vous faites partie de la maison, si toutefois vous acceptez les autres conditions qu'il me reste à vous faire connaître. Vous serez nourri, logé et blanchi; pendant six mois vous ne recevrez pas d'appointements; au bout de ce temps, si vous avez rempli votre surnumérariat d'une manière satisfaisante, vous recevrez des appointements dont nous fixerons le chiffre d'après l'emploi que vous serez en état de remplir. »

Richard accepta ces conditions avec empressement et reconnaissance, et il fut installé définitivement dans la maison Hermel et Cie.

Toute la scène que nous venons de reproduire n'était qu'une comédie jouée par le sieur Hermel, et dont le pauvre Richard, avec son inexpérience et sa candeur naturelle, avait été facilement dupe. Disons quelques mots pour faire connaître à nos lecteurs ce personnage, qui eut une influence marquée sur les premières années de la jeunesse de notre héros.

M. Hermel avait alors de quarante-cinq à cinquante ans : c'était ce qu'on appelle un faux bonhomme, ou plutôt un hypocrite rusé, jouant facilement tous les rôles, même celui de la franchise, dès que son intérêt était en jeu. Il se montrait parfois brusque et même emporté; mais il était toujours maître de lui-même, et au milieu de ses plus vives brusqueries, de ses plus grands emportements, il savait tout d'un coup redevenir doux, affable, souple et mielleux au besoin. Ajoutons qu'il était avare ou plutôt mesquin dans ses dépenses intérieures, tout en affectant au dehors de tenir un certain rang en rapport avec sa fortune commerciale. Il entretenait, pour sa maison de gros, un nombre fort restreint d'employés, qu'il payait le moins possible et dont il exigeait un travail excessif. Quant à la maison de détail, dont il avait parlé à Richard, il n'en était que l'associé commanditaire, et c'était le gérant qui l'administrait et l'exploitait à sa façon.

Ce gérant, nommé Lefèvre, ne ressemblait guère à M. Hermel; autant celui-ci était timide et méticuleux en affaires, autant l'autre était hardi et entreprenant; autant l'un mettait de réserve et presque de mystère dans ses opérations, autant l'autre aimait à faire de l'éclat et du bruit. Lefèvre avait le premier inauguré à Rouen un genre de vente au détail, inconnu jusqu'alors, et qui n'a été usité que beaucoup plus tard à Paris et dans toutes les grandes villes. Au lieu d'une de ces boutiques étroites et sombres, où les marchandises entassées sur des rayons obscurs se dérobaient à la vue des chalands, il avait imaginé d'ouvrir de vastes magasins, bien aérés, bien éclairés, et d'y étaler avec goût et symétrie ses plus belles marchandises, de manière à en faire ressortir l'éclat et la richesse. Au lieu d'employer pour la vente ces *courtauds de boutique*, comme on appelait alors les commis marchands, à l'air si gauche, et si mal vêtus, il voulut avoir derrière ses comptoirs des jeunes gens élégants, aux manières aisées et s'exprimant avec grâce et facilité; et comme il n'en trouvait pas à Rouen, il en fit venir de Paris à grands frais. Enfin il plaça, aux rayons des dentelles et de la lingerie fine, de jeunes dames du meilleur ton, capables de raisonner chiffons et toilettes avec les plus grandes dames de la ville. C'était loin sans doute de ressembler aux somptueux magasins de nouveautés de nos jours; mais c'était magnifique pour l'époque, et surtout c'était du nouveau. M. Hermel n'en avait pas moins été effrayé, et il disait à son associé : « A quoi bon, je vous le demande, toutes ces dépenses en glaces, en vitrines, en comptoirs d'acajou, en riches étagères? Est-ce que la marchandise acquerra plus de valeur avec ce brillant étalage, qu'elle n'en aurait dans une boutique simple et modeste comme celles en usage chez nos pères? Peut-on enfouir ainsi des capitaux qui resteront forcément improductifs! mais c'est une véritable folie; vous allez infailliblement vous ruiner et m'entraîner par suite dans une perte considérable...

— Rassurez-vous, mon cher monsieur Hermel, dit en souriant M. Lefèvre; avant trois mois vos craintes seront dissipées et vous changerez de langage. »

En effet, en très-peu de temps, et dès le premier mois, les magasins de *la Belle-Cauchoise*, c'était l'enseigne et le nom que Lefèvre avait donné à son établissement, étaient devenus à la mode, et le rendez-vous des dames de la noblesse et de la riche bourgeoisie de Rouen. Toute femme qui se respectait devait porter des étoffes, des dentelles ou des broderies sorties de ces magasins. C'était merveilleux que de voir avec quelle rapidité les marchandises s'écoulaient et se renouvelaient sans cesse.

« Eh bien ! que vous avais-je dit? demanda un jour Lefèvre à son associé.

— Ma foi, mon cher, répondit M. Hermel, vous avez fait comme ce philosophe devant lequel on niait le mouvement, et qui pour toute réponse se mit à marcher. Vous aussi, vous avez marché, et vous m'avez convaincu. »

La vogue n'avait fait que continuer depuis, et même elle s'était encore accrue à la suite d'ingénieuses innovations imaginées par son habile gérant; de sorte que l'établissement de *la Belle-Cauchoise* était dans le plus brillant état de prospérité à l'arrivée de Richard à Rouen. Ce succès surprenant n'avait exercé aucune influence sur la conduite de M. Hermel. Sans doute il était enchanté de recevoir de copieux dividendes et d'encaisser, en outre, de beaux bénéfices sur la vente en gros des marchandises qu'il fournissait à *la Belle-Cauchoise*; mais cela n'avait pu l'engager à rien changer à ses habitudes de lésinerie mesquine. Il n'avait pas augmenté d'un liard les appointements de ses employés, quoique leur travail eût doublé depuis le mouvement qu'avait imprimé à ses affaires le succès de *la Belle-Cauchoise*. Aux réclamations qu'ils lui adressèrent à ce sujet, il répondit avec brusquerie : « De quoi vous plaignez-vous? si votre travail a doublé, le mien a triplé, et je ne me plains pas. »

A cela ils avaient bonne envie de répondre : « Nous le croyons bien que vous ne vous plaignez pas; si votre travail a triplé, vos bénéfices ont suivi la même progression, et bien au delà, tandis que nos appointements sont restés les mêmes; » mais aucun ne l'osa, car c'eût été un moyen infaillible de se faire renvoyer.

Le fait est que M. Hermel travaillait à lui seul presque autant que tous ses commis ensemble; non-seulement il était sur pied du matin au soir, visitant ses magasins, écrivant dans son cabinet, faisant dans l'après-midi des courses indispensables, tantôt à la bourse, tantôt sur le port; mais il passait encore une partie des nuits à faire sa correspondance ou à vérifier ses livres; de sorte qu'on ne savait à quelle heure il se couchait, et que certaines personnes allaient même jusqu'à dire qu'il ne se couchait jamais.

Cependant, quoique son tempérament fût encore dans toute sa force, M. Hermel prévoyait qu'un temps viendrait où il ne pourrait supporter tant de fatigues; il résolut donc de se procurer un jeune homme honnête, de bonne famille, d'une probité éprouvée, qu'il pourrait former à ses habitudes et à qui il pourrait confier une partie de ses plus pénibles travaux. Mais ce choix était difficile à faire; rien dans ce qui l'entourait ne pouvait lui convenir; il prit le parti de demander *cet article* à un de ses correspondants, comme il lui aurait demandé un échantillon de quelque objet de fabrique. Il s'était adressé à M. Alavoine, d'Alençon, et celui-ci n'avait cru faire mieux que de lui proposer le jeune Richard, dont il avait eu plus d'une fois occasion d'apprécier les rares qualités. M. Hermel lui répondit aussitôt de vouloir bien lui *expédier* ce jeune homme le plus tôt possible; seulement il lui recommanda de ne pas parler à son protégé de l'emploi qu'il lui destinait, car il ne le savait pas lui-même, et il ne se déciderait que quand il aurait reconnu sa capacité. Ainsi Richard arriva chez M. Hermel sans se douter que celui-ci l'attendait avec impatience.

Dès la première vue, notre rusé négociant avait jugé que c'était bien là le sujet qui lui convenait, et il avait au moins autant le désir de se l'attacher que Richard en avait d'entrer chez lui; seulement il se garda bien d'en rien témoigner: il se renferma dans une sorte d'indifférence affectée qu'il entremêlait d'expressions banales de bienveillance; et nous avons vu avec quelle adresse il sut se faire prier, et il accorda enfin comme une faveur ce qu'il avait d'avance l'intention d'offrir. C'était là un de ses grands moyens d'agir en affaires : affecter de n'avoir nul besoin d'une chose qu'il désirait avec le plus d'ardeur, la déprécier quelquefois et se faire presser, tourmenter, jusqu'à ce que, de guerre lasse, on lui abandonnait l'objet de sa convoitise aux conditions qu'il voulait obtenir. Cette ruse lui avait souvent réussi, même avec des hommes expérimentés, habiles et qui ne manquaient pas d'une certaine pénétration. Il n'est donc pas étonnant qu'elle eût un plein succès avec un jeune homme aussi neuf que François Richard, qui sortait de son village, et qui n'avait jamais eu affaire qu'à un patron plein de franchise et de bonne foi, et qui se serait fait scrupule de mentir à un enfant.

CHAPITRE III

Séjour de Richard chez M. Hermel. — Il en sort parce qu'il refuse d'endosser la livrée. — Il devient garçon de café.

Voilà donc notre jeune Richard installé chez M. Hermel et Cie avec le titre vague de surnuméraire, assez inquiet de savoir à quoi son patron pourrait bien l'employer, puisque, d'après ce qu'il lui avait dit, toutes les places étaient occupées dans sa maison.

Oh! mon Dieu, se disait-il, s'il n'allait pas me trouver d'ouvrage, bien sûr il ne tarderait pas à me renvoyer; car il ne garderait pas chez lui une bouche inutile.

Mais son inquiétude ne fut pas de longue durée. Le lendemain matin, de très-bonne heure, il se présenta chez son patron pour lui demander ce qu'il fallait faire.

« Ah! vous voilà, dit M. Hermel en l'apercevant; est-ce que vous ne vous levez pas habituellement plus matin? sans doute vous étiez encore fatigué de votre voyage?

— Pardon, Monsieur, reprit Richard en rougissant, il y a déjà longtemps que je suis levé; mais je craignais de vous déranger...

— Oh! ne craignez pas cela; quelque matineux que vous soyez, je le suis probablement plus que vous... » Puis, après un instant de silence pendant lequel il paraissait réfléchir, il reprit: « Vous me demandez à quoi je vais vous occuper?... Il faudrait, mon garçon, balayer les bureaux, puis épousseter avec soin les tables et les cartons, de manière à avoir fini cette besogne avant l'arrivée des commis, c'est-à-dire avant huit heures. Quand vous aurez fini, je vous donnerai autre chose à faire. »

A sept heures et demie, Richard avait terminé. Le patron, après avoir inspecté minutieusement la besogne, dont il parut satisfait, le fit balayer et nettoyer le magasin, mettre quelques ballots de marchandises arrivés de la veille, et qui n'avaient pas encore été casés. Ce travail l'occupa jusqu'à dix heures. Alors M. Hermel lui dit :

« Chez votre père, vous occupait-on quelquefois au charriage?

— Oui, Monsieur, chaque fois que l'occasion s'en présentait; ainsi, pendant la belle saison, j'ai charrié plusieurs fois les foins nouvellement fauchés pour les transporter du pré au fenil; à l'époque du labour, j'ai aussi charrié des engrais dans les champs...

— Très-bien ; en ce cas, vous ne seriez pas embarrassé de conduire un cheval attelé à un camion ou à une charrette chargée de marchandises moins encombrantes que du fourrage, et plus propres que du fumier?

— Je ne le pense pas.

— Fort bien. Nous ne tarderons pas à vous mettre à l'épreuve. Pour le moment vous allez déjeuner; après votre repas, vous aiderez l'un des garçons de magasin à charger les deux camions; puis ce garçon prendra la conduite d'un camion, vous prendrez celle de l'autre, et vous irez ensemble jusqu'au port. J'y serai rendu avant vous, et là je vous donnerai de nouvelles instructions. »

Tout se fit comme l'avait dit le patron. Au moment où Richard et son camarade arrivaient sur le port avec leurs camions, ils trouvèrent M. Hermel s'entretenant avec un personnage qui n'était autre que le capitaine d'un trois-mâts dont on opérait le chargement, et qui devait partir au premier jour pour Saint-Domingue, la plus riche de nos colonies à cette époque. M. Hermel ordonna à Richard et à ses compagnons d'approcher leur camion le plus près possible du bord du quai; puis on commença aussitôt le transport des marchandises des chariots sur le navire en partance. Cette opération était exécutée par les portefaix du port sous les yeux du négociant expéditeur et du capitaine. M. Hermel chargea Richard, au fur et à mesure qu'on enlevait chaque colis, d'en reconnaître le numéro et la marque, de les répéter à haute voix, et de les inscrire sur un petit carnet qu'il lui donna. De son côté, le capitaine écrivait en même temps ce numéro et cette marque après les avoir vérifiés.

Lorsque le dernier ballot eut été transporté sur le navire, M. Hermel donna au capitaine un papier tout écrit; puis il dit à Richard de lire lentement les notes qu'il avait écrites, afin que le capitaine pût les comparer avec les siennes et le papier que venait de lui remettre M. Hermel, et qui était ce qu'on appelle le *connaissement*, ou déclaration contenant l'état des marchandises chargées sur le navire du capitaine ***, pour le compte de M. Hermel, leur destination et le fret ou prix du transport. Ce contrôle terminé, le négociant conduisit Richard sur le navire, et, devant lui, il vérifia l'emplacement où ses marchandises étaient *arrimées* (1), pour s'assurer qu'elles seraient moins exposées qu'ailleurs aux chances d'avarie résultant d'une longue navigation.

M. Hermel avait remarqué avec plaisir que Richard avait suivi avec intelligence et intérêt tous les détails de cette opération. Il lui dit, en quittant le navire et lorsqu'ils furent seuls : « J'expédie souvent des marchandises pour nos colonies par les navires qui viennent dans notre port. Lorsque vous serez bien au courant de la marche à suivre pour la livraison des ballots au capitaine, le chargement et l'arrimage des marchandises, je vous chargerai de veiller seul à ces embarquements. »

Richard remercia chaleureusement son

(1) *Arrimer*, en termes de marine, signifie distribuer, arranger convenablement et placer avec solidité, dans l'intérieur d'un navire, les divers objets qui composent sa charge, sa cargaison.

patron, et dit qu'il espérait bientôt être en état d'obtenir de lui cette marque de confiance.

— Je l'espère aussi, reprit M. Hermel; maintenant, continua-t-il, vous allez retourner à la maison reconduire votre camion, puis vous aiderez Jean à ranger les nouveaux ballots de marchandises qui ont dû arriver depuis votre départ, et vous les placerez dans l'espace qu'occupèrent ceux que nous venons d'embarquer. » En disant ces mots, il monta dans le cabriolet qui l'avait amené, et se dirigea rapidement vers la bourse, tandis que Richard et Jean rentraient à la maison avec leurs camions. Le reste de la journée fut entièrement employé à ranger dans le magasin les marchandises qui venaient d'arriver par le roulage, et lorsque M. Hermel rentra, à la tombée de la nuit, cette besogne n'était pas encore terminée. « Allons, dit-il à Richard, en voilà assez pour aujourd'hui; à demain, mon garçon. »

La journée du lendemain fut aussi remplie que celle de la veille; le troisième jour ressembla aux deux premiers, et ainsi de suite; de sorte qu'au bout de quelque temps, le pauvre Richard, qui s'inquiétait d'abord de savoir si son patron voudrait bien l'occuper, commençait à trouver qu'il l'occupait un peu trop. Cependant il était loin de s'en plaindre; seulement, quand le soir arrivait, ses forces trahissaient parfois son courage, et la fatigue le contraignait de prendre du repos.

Quand nous disons que les journées qui suivirent la première se ressemblaient, cela signifie qu'elles étaient également remplies comme cette première journée par un travail incessant; mais la nature de ce travail variait sans cesse, selon les besoins du service, la volonté ou, si l'on veut, les caprices du patron. Pendant trois ans que Richard resta chez M. Hermel, ses fonctions n'y furent jamais bien définies; on peut dire qu'il était garçon de magasin, camionneur, garçon de caisse et de recettes ; sur la fin même, il fut chargé de tenir le registre appelé *main-courante* ou *brouillard*, sur lequel les négociants prennent note des opérations qu'ils font pour les reporter ensuite sur le journal et le grand livre. Ces reports étaient faits par un teneur de livres spécial et par le patron, qui seul tenait son livre de caisse. Ce surcroît de besogne ne l'empêchait pas de remplir encore toutes les autres fonctions que lui confiait son patron, et il s'en acquitta toujours avec intelligence, activité et la fidelité la plus scrupuleuse.

M. Hermel était charmé de son *factotum*, comme il appelait Richard; mais il ne le payait pas plus généreusement pour cela, et après trois ans de bons et loyaux services, pendant lesquels il avait montré un zèle, un dévouement, une loyauté à toute épreuve, son patron ne lui donnait que de modiques appointements, à peine supérieurs aux gages de Jean, homme de peine et palefrenier, dont la probité sans doute était inattaquable, mais dont l'intelligence était presque nulle, et qui de plus avait la funeste habitude de boire et souvent de s'enivrer.

Cependant Richard, malgré les travaux dont il était surchargé, n'aurait pas songé à demander une augmentation pour lui-même; car il trouvait dans ces travaux, et dans les relations journalières qu'il avait avec la maison de détail dirigée par le sieur Lefèvre, l'occasion de faire d'utiles observations et des études sérieuses et, pour ainsi dire, pratiques sur le commerce en gros et sur le commerce de détail. Quoiqu'il ne fût jamais chargé de traiter aucune affaire commerciale, il était souvent témoin de la manière dont une opération était préparée, discutée, terminée. Il y réfléchissait à part lui; il en suivait avec attention la marche, et en calculait d'avance les résultats. Les connaissances qu'il acquérait ainsi avaient à ses yeux une valeur inappréciable, et formaient en quelque sorte une compensation aux maigres appointements que lui donnait son patron. Ainsi, comme nous venons de le dire, il n'aurait pas pensé à se faire augmenter, s'il n'eût été dans la nécessité de venir au secours de sa famille, que deux années de mauvaise récolte avaient mise plus que dans la gêne, presque dans la misère.

Lorsqu'il présenta sa requête à son patron, en lui en expliquant franchement le motif, celui-ci fit d'abord une grimace de mauvais augure; puis, après une minute de réflexion, sa figure reprit son sourire habituel, et il dit du ton le plus calme :

« Et combien demandez-vous d'augmentation?

— Je crois, Monsieur, n'être pas trop exigeant en demandant vingt francs de plus par mois?

— Vingt francs! s'écria le négociant; mais avec trente livres que je vous donne, cela ferait cinquante livres par mois, c'est-à-dire six cents livres par an! Vous n'y songez pas.

— Je vous ai dit, Monsieur, pourquoi je désire cette augmentation; je pensais qu'un pareil motif vous aurait facilement engagé à m'accorder ma demande.

— Un pareil motif est très-honorable chez vous, je n'en disconviens pas; chercher à venir en aide à vos parents dans l'embarras, est chose louable et que je ne puis qu'approuver; mais après tout, c'est moi qui ferais les frais de cet acte de générosité ou plutôt de devoir filial, et je ne vois pas pourquoi j'y serais obligé. »

Cette réponse blessa profondément Richard. Décidément, se dit-il en lui-même, cet homme n'a ni cœur ni entrailles; il y a longtemps que je m'en doutais! Cependant il se contint et répondit avec calme, mais avec fermeté : « Quel que soit mon désir de secourir ma famille, jamais il ne m'est venu à la pensée de faire contribuer qui que ce soit à une œuvre qui m'est toute personnelle, et que je tiens à honneur d'accomplir seul. Si je vous ai demandé une augmentation d'appointements, c'est parce que je suis convaincu qu'elle m'est légitimement due, et qu'elle n'est qu'une juste rétribution de mon travail. Si vous pensez différemment, n'en parlons plus. Seulement, je dois vous prévenir qu'il m'est impossible de rester désormais chez vous aux mêmes conditions que par le passé. Je ne suis pas embarrassé de trouver ailleurs une place où je gagnerai facilement la somme que je réclame de vous après trois ans de bons et loyaux services; de votre côté, je vous prie de vouloir bien chercher quelqu'un pour me remplacer. »

M. Hermel ne s'attendait pas à cette proposition de Richard; elle le contrariait beaucoup, et il chercha par un changement de ton et de langage à le faire revenir sur sa résolution.

« Allons, allons, dit-il en souriant de cet air bonhomme qu'il savait si bien prendre à l'occasion, ne voilà-t-il pas qu'il s'emporte comme une soupe au lait, et qu'il me met le marché en main! Mais, mauvaise tête que vous êtes, je n'ai pas dit que je ne voulais pas vous augmenter, ou, si vous avez compris cela dans la réponse que je vous ai faite, je rétracte mes paroles.

— Ainsi, Monsieur, vous consentez à l'augmentation que je vous demande?

— Un instant, jeune homme, n'allons pas si vite; vous devez me connaître assez depuis trois ans que vous êtes avec moi, pour savoir qu'en affaire je ne me décide jamais *ex abrupto*. Avant de m'engager, je veux réfléchir; ainsi je vous demande jusqu'à demain avant de vous donner une réponse catégorique. J'ajouterai, pour vous faire prendre patience, que je suis assez disposé à faire droit à votre réclamation; seulement, comme cela nécessitera quelque arrangement nouveau, il faut que je m'occupe de cet arrangement sans délai, mais pourtant avec la réflexion que j'ai l'habitude d'apporter à toutes mes actions. Demain, sans faute, je vous ferai connaître ma réponse. »

Richard n'insista pas, et attendit le lendemain avec impatience. Dès que le jour parut, il se rendit chez son patron. Celui-ci, en l'apercevant, lui dit de son ton le plus gracieux : « Je vous le disais bien, mon garçon, il ne faut jamais rien précipiter en affaires ; la nuit porte conseil, et c'est cette nuit que j'ai trouvé une combinaison qui, je l'espère, nous satisfera tous deux. » Pendant ce préambule, Richard, comme on le pense bien, était tout oreilles. Après une pause, pour attirer davantage l'attention de son auditeur, il reprit lentement :

« Je vous accorde l'augmentation que vous m'avez demandée, et désormais vos appointements seront portés à cinquante livres par mois, sans compter les gratifications au jour de l'an...

— Merci, Monsieur! s'écria vivement Richard.

— Un instant, reprit M. Hermel, écoutez les nouveaux arrangements résultant de cette augmentation, et vous me remercierez avec plus de transport, je n'en doute pas. D'abord, vous ne serez plus chargé du camionnage ni des gros travaux du magasin ; vous pourrez seulement donner un coup de main, dans les cas pressés, mais ce sera purement volontaire de votre part; lorsque Jean ne pourra pas suffire à la besogne, je l'ai autorisé à prendre un homme de peine à la journée pour l'aider. Vous resterez chargé du soin des bureaux, du recouvrement, de la tenue du *brouillard*, et des autres détails du genre que vous connaissez. Maintenant, pour tenir lieu des gros ouvrages du magasin et du voiturage des camions dont vous serez débarrassé désormais, j'ai imaginé de vous donner un emploi plus agréable, beaucoup moins pénible et qui, j'en suis sûr, vous plaira davantage. (L'attention de Richard redoublait.) Voici de quoi il s'agit. Je renvoie Joseph, mon valet de chambre, qui me sert en même temps de cocher, à cause de son insolence, de son inexactitude et de sa fainéantise; c'est vous, mon cher François, que je choisis pour le remplacer.

— Moi! s'écria Richard au comble de la surprise.

— Vous-même, reprit M. Hermel, qui se méprit sur le sens de cette exclamation. Oui, mon cher, j'ai songé à vous pour ces fonctions, qui sont, comme je le disais tout à l'heure, plus agréables et moins pénibles que celles de garçon de magasin et de charretier; sans compter que pendant une partie de la journée vous porterez une livrée qui vous épargnera l'usure de vos propres vêtements.

— Ah! je porterai la livrée, dit Richard en souriant ironiquement.

— Et une livrée presque neuve; car il n'y a pas trois mois que je l'ai fait faire: habit, veste, culotte et chapeau galonné; tout cela doit être à votre taille, et vous ira à merveille; du reste, le tailleur s'est engagé à l'ajuster pour celui qui la portera, et je l'enverrai chercher aujourd'hui même si c'est nécessaire.

— Ne le dérangez pas pour moi, je vous en prie, Monsieur; car je ne porterai jamais votre livrée ni d'autre.

— Quoi! que voulez-vous dire? s'écria M. Hermel tout étonné.

— Cela veut dire, Monsieur, que je n'accepte pas la place de Joseph, et que j'aime mieux rester garçon de magasin et charretier que d'être valet de chambre et cocher. Si c'est là la combinaison ou l'arrangement que vous avez préparé depuis hier, je ne saurais m'y prêter, et je vous déclare formellement que je refuse de souscrire à ces conditions.

— Mais, mon cher, vous n'y pensez pas; il y a folie à refuser les avantages que je vous offre. Réfléchissez-y mûrement; je vous donne jusqu'à demain.

— C'est inutile, Monsieur; aujourd'hui, comme demain, comme dans un an, comme dans dix, je déclare que je ne veux être et ne serai jamais ni valet de chambre, ni laquais; que je préfère être charretier à être cocher de carrosse, et que j'aime mieux porter la blouse que la livrée.»

M. Hermel voulut insister; Richard s'obstina; ils finirent par se fâcher, et le résultat de la dispute fut que Richard demanda résolûment son compte, que son patron lui donna, et ils se séparèrent fort mécontents l'un de l'autre.

En sortant de chez M. Hermel, Richard croyait trouver facilement une place chez un des confrères de son patron, chez qui il était allé souvent, soit en recouvrement, soit livrer des marchandises, et qui lui avait toujours témoigné beaucoup de bienveillance. Il avait appris qu'un emploi était vacant chez ce négociant, et il se présenta dans l'espoir de l'occuper; mais il fut étrangement surpris en entendant celui qu'il regardait déjà comme son nouveau patron lui dire : « Je suis trèscontrarié, mon pauvre Richard, de ne pouvoir vous prendre chez moi; mais M. Hermel, qui se doutait sans doute que vous viendriez chez moi, m'a fait dire que si je vous recevais dans ma maison, il romprait toute relation avec moi. Or je tiens beaucoup à ne pas me brouiller avec lui, quoiqu'il soit passablement original, et voilà pourquoi je suis obligé, à mon grand regret, de me priver de vos services. »

Richard se présenta chez un grand nombre d'autres négociants; tous ceux qui avaient des relations d'affaires avec M. Hermel étaient déjà prévenus, et ils lui firent à peu près la même réponse que le premier. Les autres, ou n'avaient besoin de personne, ou lorsqu'ils allaient aux renseignements, M. Hermel en donnait de détestables, de sorte qu'au bout de huit jours de recherches inutiles, le pauvre Richard reconnut qu'il lui était impossible de trouver aucun emploi dans le commerce de Rouen. Il était dans le plus grand embarras et ne savait à quoi se résoudre, lorsqu'il rencontra dans la rue un des principaux commis de la maison de détail commanditée par M. Hermel, et dirigée par M. Lefèvre. Richard était connu et aimé de tous les employés de cette maison, où il avait journellement affaire dans l'intérêt de son patron; il salua en passant ce commis, et il allait continuer son chemin, lorsque celui-ci, s'arrêtant tout à coup et lui tendant la main, s'écria : « Comment! c'est vous, Richard, qui passez si fièrement sans rien dire? eh bien! est-ce qu'on ne connaît plus les amis à présent? » Et en disant ces mots il lui serrait affectueusement la main.

« Ah! Monsieur, reprit tristement Richard, dans ma position on ne trouve plus guère d'amis...

— Et moi, je vous prouverai que vous en avez encore des amis...; mais, mon cher, plus je vous regarde, plus vous m'étonnez. Ah çà! d'où vient cette figure désolée que je vous vois? on dirait vraiment que vous avez perdu père et mère, et que vous venez de leur enterrement. Quoi! vous vous désolez parce que vous n'êtes plus sous la griffe de cet harpagon, de cet ours qu'on appelle Hermel; il me semble, à votre place, que vous devriez être dans la jubilation d'être sorti d'une pareille boîte, et je ne peux pas me figurer comment on peut la regretter.

— Oh! je ne la regrette pas, reprit Richard; ce qui m'afflige, c'est de ne pouvoir trouver de place. » Et il lui raconta toutes les démarches qu'il avait faites depuis huit jours, et comment le mauvais vouloir, ou plutôt la perfidie, de son ancien patron les avait rendues inutiles.

« Ah! je le reconnais bien là ce vieil escogriffe! Mais tout cela n'est pas un motif de vous désoler comme vous le faites. A votre âge, est-ce qu'on est jamais embarrassé? une place de perdue, dix de retrouvées. S'il n'y en a pas à

Rouen, on va ailleurs, à Nantes, à Bordeaux, ou mieux à Paris, où un jeune homme comme vous trouve toujours à se caser... Tenez, moi qui vous parle, je donnerais dix louis pour me trouver dans votre position, et n'avoir que vingt ans comme vous...; demain je partirais pour Paris, et après-demain je serais placé.

— Oh! vous, Monsieur, je le crois bien; vous êtes de Paris, et vous y connaissez du monde; mais moi, je n'y connais personne; puis pour aller à Paris, et pour y vivre jusqu'à ce qu'on soit placé, il faut de l'argent, et malheureusement je n'en ai guère.

— Bah! bah! Que vous vous tourmentez l'esprit à peu de frais!... Tenez, il me vient une idée; avez-vous dîné?

— Non, Monsieur.

— Ni moi non plus; eh bien! venez dîner avec moi au café du Commerce, où je prends habituellement mes repas; nous serons là plus commodément que dans la rue pour causer de vos affaires. »

L'individu que venait de rencontrer Richard se nommait Bernier. C'était un jeune homme de trente à trente-deux ans, plein de cœur et d'entrain. Il causait avec une verve et une gaieté qui finirent par dérider Richard. A la fin du dîner, Bernier lui dit : « Maintenant laissons là les fariboles, et causons d'affaires sérieuses. Depuis que nous sommes ensemble, il m'est venu une idée que je crois bonne, et que je vais vous soumettre. Auriez-vous de la répugnance à entrer dans la maison où nous nous trouvons en ce moment, comme garçon de salle? Le patron en a besoin d'un, et sur ma présentation il vous recevra d'emblée.

— Dans ma position, répondit Richard, on n'est pas difficile : quoique je préférasse entrer dans une maison de commerce, j'accepterai avec reconnaissance l'emploi que vous me proposez en attendant mieux.

— A la bonne heure ; mais, mon cher, faites attention que vous êtes toujours dans le commerce : vendre des étoffes à l'aune comme je le fais chez mon patron, ou vendre de la soupe en détail, du café ou du chocolat à la tasse, comme vous le ferez ici, c'est toujours faire du commerce. D'ailleurs vous n'y serez que provisoirement, et quand une occasion favorable se présentera, je vous engage à aller à Paris. D'un autre côté, vous pourrez gagner ici de quoi subvenir à vos frais de voyage et de quelque temps de séjour dans la capitale ; enfin, chose essentielle, vous verrez ici beaucoup de monde, vous causerez avec l'un, avec l'autre, cela vous dégourdira, et vous arriverez à Paris un peu débarrassé de cet air provincial que vous avez encore conservé. »

Richard se laissa facilement persuader. Le patron du café du Commerce l'accueillit sans difficulté, sur la recommandation de Bernier, et l'installa le jour même dans ses nouvelles fonctions. Il y resta un an ;

au bout de ce temps, se voyant à la tête d'une somme assez ronde (environ cent cinquante francs), il résolut de suivre le conseil de son ami Bernier, et de partir pour Paris. Mais, avant d'entreprendre ce voyage, il voulut revoir sa famille et lui faire part de ses nouveaux projets.

CHAPITRE IV

La fête des Rois, et le repas des fiançailles. — Départ de Richard pour Paris. — Il entre comme garçon au café de la Victoire, rue Saint-Denis. — Il quitte ce café pour entreprendre le commerce à son compte. — Ses premiers succès. — Un revers inattendu. — La prison pour dettes. — Nouveaux succès.

Richard arriva dans sa famille vers la fin de décembre 1785. Il fut accueilli avec joie par ses parents et par son parrain Alavoine. Bien des changements avaient eu lieu depuis quatre ans qu'il avait quitté le pays pour la première fois ; ses parents étaient heureusement bien portants, et la dernière récolte, qui avait été fort bonne, les avait mis un peu plus à leur aise que les années précédentes. Il n'en était pas de même du père Alavoine ; il avait eu une attaque d'apoplexie qui l'avait laissé paralysé d'une partie du corps. Il n'avait rien perdu de son intelligence et de sa lucidité ; mais il ne pouvait plus s'occuper de son commerce avec son activité d'autrefois. Il était remplacé, autant que possible, par sa plus jeune fille, la petite Marie, qui n'était qu'une enfant de douze ans lorsque Richard était parti, et qui aujourd'hui était une grande et belle jeune fille de seize à dix-sept ans, aussi intelligente, aussi sage qu'elle était belle.

Lorsque la mère Richard apprit de son fils qu'il se proposait d'aller à Paris, elle chercha à l'en détourner. Elle lui parla pour la première fois alors du projet d'union dont il avait été question à l'époque du baptême de sa filleule Marie Alavoine. « Peut-être, lui disait-elle, le moment serait-il venu de réaliser ce projet ; car le père Alavoine, vu son état de santé, ne peut guère se passer d'un aide, et il trouverait en toi, s'il te prenait pour gendre, quelqu'un parfaitement en état de le seconder.

— Je serais enchanté, répondit Richard à sa mère, que ce projet se réalisât le plus tôt possible; mais je doute que le père Alavoine y consente en ce moment, d'abord parce que sa fille et moi nous sommes encore trop jeunes pour nous marier; et puis, croyez-vous qu'il accepte facilement un gendre qui n'a pour toute fortune à mettre dans la communauté qu'une misérable somme de cinquante écus? Au reste, j'aime les situations franches et nettes, et je ne serais pas fâché, avant mon départ pour Paris, de savoir à quoi m'en tenir à ce sujet. Si vous y consentez, ma mère, nous irons voir mon parrain, et nous aurons avec lui une explication complète et précise. »

La mère Richard y consentit, et ils se rendirent ensemble chez le père Alavoine. Celui-ci leur fit l'accueil le plus cordial, et quand il connut l'objet de leur visite, il déclara qu'il n'avait pas abandonné un seul instant le projet qu'il avait formé à la naissance de sa fille, et qu'il désirait vivre assez longtemps pour le voir se réaliser. Mais, comme l'avait prévu Richard, il ne fallait pas y songer avant quatre à cinq ans; non pas qu'il regardât comme trop minime l'apport que François pouvait fournir actuellement au ménage, mais parce qu'il désirait qu'il acquît plus d'expérience des affaires, et qu'il subît l'épreuve d'un séjour de quelques années dans la grande ville. Pendant ce temps-là, sa fille, dont la constitution était encore frêle et délicate, se fortifierait, et il espérait qu'alors aucun obstacle ne s'opposerait à l'union de leurs enfants, « si toutefois, ajouta-t-il en souriant, Marie y donne son consentement; car je n'entends pas la marier malgré elle.

— C'est bien comme je l'entends, reprit Richard; seulement, mon parrain, me serait-il permis, avant mon départ, de demander à Mlle Marie si elle approuve ce projet?

— C'est inutile, mon garçon; je me charge moi-même de la commission, et je te promets de te faire connaître sa réponse avant ton départ. Quel jour comptes-tu te mettre en route?

— Le 8 ou le 10 janvier au plus tard.

— Eh bien, je t'invite avec ton père et ta mère à venir tirer les Rois le 5 au soir, et, ce jour-là, je te ferai connaître probablement la décision de ma fille. »

La famille Richard ne manqua pas, comme on le pense bien, à l'invitation; le repas fut des plus gais, et quand vint le partage du gâteau traditionnel, par un effet du hasard (un peu aidé, dit-on, par une petite supercherie de la mère Alavoine), la fève échut à François Richard, qui naturellement choisit Mlle Marie pour sa reine. Naturellement aussi, on but à la santé du nouveau roi et de la nouvelle reine, et enfin à leur union future : de sorte que cette fête de famille fut en quelque sorte le repas de leurs fiançailles.

Deux jours après (7 janvier 1786), Richard partit pour Paris, le cœur joyeux et rempli du désir de revenir le plus tôt possible épouser sa belle fiancée, et siéger comme patron dans cette boutique de Villers-Bocage où il avait fait son premier apprentissage. C'était là le *nec plus ultrà* de son ambition. Nous verrons que les événements devaient singulièrement modifier ce projet.

Lorsque Richard avait quitté le café du Commerce à Rouen, le maître de cet établissement, loin d'imiter M. Hermel et de chercher à nuire à son garçon et à l'empêcher de se placer, lui avait donné un certificat dans lequel il faisait l'éloge de son zèle, de son activité et de sa probité; et comme Richard annonçait l'intention d'aller à Paris, il lui avait de plus donné une lettre pour un de ses confrères qui tenait le café de la Victoire, rue Saint-Denis. Dès le lendemain de son arrivée dans la capitale, il se rendit à cette adresse et remit sa lettre au patron de cet établissement. Celui-ci, après l'avoir lue, adressa quelques questions à Richard, et finit par lui proposer d'entrer dans sa maison comme garçon limonadier; il accepta sans hésiter.

Voilà donc une seconde fois notre héros orné d'un tablier blanc, et chargé de servir aux consommateurs du café, de la limonade ou des bavaroises. Ces fonctions ne lui plaisaient guère; mais bientôt il prit patience en reconnaissant les avantages que lui offrait sa nouvelle position. Ceci demande quelques explications.

Le café de la Victoire, établi vers le milieu de la rue Saint-Denis, aurait mieux mérité le nom de café du Commerce que celui dans lequel Richard avait été employé à Rouen. En effet, ce café, situé au centre d'un quartier populeux et commerçant, était le rendez-vous habituel de tous les négociants, marchands et boutiquiers du voisinage, et même de bon nombre de commerçants de la province que leurs affaires appelaient à Paris. A certaines heures de la journée, le café de la Victoire était une véritable bourse, où se traitaient parfois des affaires considérables. Richard était heureux d'entendre un langage qui lui était familier. Il voyait avec intérêt, quoiqu'il y fût étranger, se nouer et se conclure sous ses yeux d'importantes opérations commerciales. Peu à peu il se familiarisa avec quelques habitués qui aimaient à causer avec lui, et qui remarquaient dans sa conversation le goût et l'intelligence des affaires. Quelques-uns ne dédaignaient même pas de le consulter quelquefois, et ils n'eurent pas à se plaindre d'avoir suivi ses conseils.

Un jour, un riche fabricant de bonneterie de Troyes, habitué du café de la Victoire quand il venait à Paris, après un séjour de quelques semaines, avait été forcé de repartir brusquement pour son pays, sans avoir achevé de placer toutes ses marchandises. Il chargea Richard de tâcher de lui trouver un acheteur aux meilleures conditions possibles, lui promettant un fort droit de courtage s'il réussissait. Dès le lendemain du départ du fabricant, Richard vendit sa marchandise on ne peut plus avantageusement. Il en donna aussitôt avis à son commettant, qui, enchanté de son succès, lui expédia un nouveau ballot de marchandises, en le priant d'en opérer la vente, s'il le pouvait, aux mêmes conditions que la première fois; ce à quoi Richard réussit encore.

Notre fabricant, à son retour à Paris, récompensa généreusement son courtier improvisé; et comme cette affaire fut connue dans le café, plusieurs des habitués s'adressèrent à Richard pour leur servir d'intermédiaire soit pour l'achat, soit pour la vente de diverses marchandises.

Après six mois de séjour dans le café de la Victoire, Richard, par suite des bénéfices qu'il avait faits, soit comme garçon limonadier, soit comme courtier, se trouva possesseur d'une somme de mille francs. C'était pour lui une fortune, ou plutôt le moyen d'en acquérir une; car les premiers mille francs sont toujours les plus difficiles à gagner, et ce premier succès, en accroissant ses espérances, lui donnait presque la certitude de les réaliser.

Il résolut donc de travailler désormais pour son propre compte. Il prit congé de son patron du café de la Victoire, abandonna joyeusement le tablier blanc, loua une petite chambre fort modeste dans le quartier des halles, et songea à faire fructifier ses capitaux par le commerce. Il ne fut pas embarrassé de la manière dont il devait s'y prendre; il avait l'esprit juste, pénétrant, et savait admirablement saisir l'occasion favorable.

Le basin anglais était alors un objet de luxe et de mode. Richard en acheta quelques pièces d'un commerçant en gros qu'il avait connu au café de la Victoire; il les revendit presque immédiatement, avec un léger bénéfice. Il renouvela sa provision, qu'il écoula avec la même facilité, pour recommencer ensuite la même opération sur une plus grande échelle. Il agissait, d'après ce principe, ou plutôt cet axiome commercial, qu'il est beaucoup plus avantageux de vendre promptement en se contentant d'un profit minime, et en renouvelant souvent ses opérations, que de vouloir gagner beaucoup et de n'écouler que lentement ses marchandises. Il est vrai que la première manière demande beaucoup plus d'activité et de pénétration que la seconde, et ces qualités ne manquaient pas à Richard. Aussi, au bout de six mois, son capital primitif avait passablement multiplié, et s'élevait maintenant à six mille francs.

On conçoit qu'un tel bénéfice dut accroître sa hardiesse et sa confiance; toutefois la prudence ne l'abandonnait jamais dans ses spéculations les plus audacieuses, et ses affaires continuèrent à prospérer avec une progression rapide, mais sûre. Aussi les vieux habitués du café de la

Victoire, avec qui il avait conservé des relations, et les autres négociants qui suivaient sa manière de travailler, disaient : « Voilà un jeune homme qui ira loin, et qui, à moins de revers imprévus, arrivera certainement à une brillante fortune. »

Rien ne semblait devoir empêcher la réalisation de ces prédictions. A la fin de l'année 1787, le chiffre de ses bénéfices, d'après son inventaire, dépassait soixante-dix mille francs, et avec le crédit dont il jouissait, il pouvait doubler et tripler peut-être cette somme dans le cours de l'année qui allait s'ouvrir. Si cela continue, comme je l'espère, se disait Richard, l'an prochain j'irai trouver le père Alavoine, et je pense bien qu'il ne fera pas difficulté d'avancer d'un an le délai qu'il m'a fixé pour m'accorder la main de sa fille.

L'année 1788 s'ouvrit sous des auspices aussi favorables que celle qui l'avait précédée. Un jour, vers la fin de janvier, Richard se trouvait au café de la Victoire, où il continuait d'aller pour ses affaires, lorsqu'il fut accosté par un personnage qui s'écria en l'apercevant et en ouvrant les bras : « Eh ! le voilà ce cher Richard ! que je suis heureux de le rencontrer ! »

Richard reconnut aussitôt M. Bernier, ce commis de M. Lefèvre qui l'avait fait entrer dans le café du Commerce à Rouen. Il lui fit l'accueil le plus empressé, et il l'invita à déjeuner afin de renouveler connaissance. M. Bernier accepta sans difficulté, et on les servit dans un cabinet particulier, afin de pouvoir causer sans être dérangés par personne.

« Eh bien ! mon cher, s'écria Bernier quand ils furent seuls, j'espère que je vous ai donné un bon conseil en vous engageant à venir à Paris. On m'a donné de vos nouvelles, et j'ai appris avec bonheur que vous étiez en train de faire d'excellentes affaires.

— Je ne me plains pas, Dieu merci, repartit Richard, et je n'ai pas oublié que c'est à vous que je dois ma nouvelle position; car si je ne vous avais pas rencontré, je ne serais pas entré au café du Commerce, ni probablement à celui de la Victoire, à Paris, où je me suis lancé dans les affaires. Aussi vous pouvez compter partout et toujours sur ma reconnaissance. Et vous, maintenant que devenez-vous ? Avez-vous définitivement quitté la maison Lefèvre ?

— Oh ! je l'ai quittée il y a près d'un an, et j'aurais dû le faire beaucoup plus tôt ; car, voyez-vous, on ne fait que végéter en province, et ce n'est qu'à Paris qu'un homme intelligent peut se tirer d'affaire. Vous devez en savoir quelque chose.

— Vous êtes-vous replacé dans une maison de Paris ?

— Non, non ; j'en ai assez de servir les autres ; j'ai fait comme vous, je travaille pour mon compte, et je m'en trouve bien.

— Et quelle est votre partie ?

— Je fais un peu de tout ; mais je travaille principalement dans les soieries de Lyon. J'ai été quelque temps dans cette ville, et j'y ai conservé d'excellentes relations. J'achète dans de bonnes conditions des soieries que je vends à des armateurs du Havre, qui les transportent aux États-Unis d'Amérique. Depuis que nous avons aidé ce pays-là à recouvrer son indépendance, vous ne sauriez croire, mon cher, combien le commerce français y trouve de facilité pour l'écoulement de ses produits. Les articles de Lyon sont surtout très-recherchés à New-York, à Boston et à Baltimore. Ah! si j'avais assez de capitaux pour pouvoir entreprendre ce commerce sur une grande échelle, en moins de trois à quatre ans j'aurais amassé une fortune colossale! Tenez, si vous vouliez, mon cher Richard, vous associer avec moi, je vous garantis que nous ferions en peu de temps les plus brillantes affaires.

— Mais, Monsieur, je ne me connais nullement en soieries.

— Qu'importe? je m'y connais, moi, c'est ma partie, c'est ma spécialité. Si vous vous le rappelez, c'est moi qui étais chargé seul du rayon des soieries chez M. Lefèvre; c'est moi seul qui faisais les achats et les ventes, et ce rayon était un des plus productifs de son magasin. Vous vous entendez parfaitement dans l'achat et la vente des basins et autres tissus de ce genre; eh bien, mon cher, vous achèteriez une certaine partie de ces objets que nous expédierions à Lyon, où cet article est très-recherché en ce moment, et, en retour, nous ferions venir des soieries que nous enverrions en Amérique. Ce n'est pas plus malin que cela, et cependant c'est là le grand, le vrai commerce, qui consiste à connaître les besoins de telle ou telle place, de tel ou tel pays, et à y envoyer les marchandises propres à satisfaire ces besoins; tandis que celui que vous avez fait jusqu'ici n'est qu'un commerce restreint, pour ainsi dire, terre à terre...

— C'est possible, interrompit Richard ; mais enfin il m'a assez bien réussi.

— Il vous a réussi, je le veux bien; mais au prix de quelles fatigues! vous êtes obligé de déployer une activité qu'il vous sera bien difficile de soutenir, et qui finira bientôt par épuiser vos forces. C'est un vrai travail de nègre que vous avez entrepris; tandis que dans le grand commerce international dont je parle, on n'a pas besoin de faire un usage immodéré de ses forces physiques: tout se traite par correspondance; il ne faut que de l'intelligence, de la sagacité, de l'expérience, toutes qualités qui vous distinguent, excepté peut-être la dernière, qui n'est pas encore complète chez vous, mais que vous acquerrez facilement.

— J'avoue, reprit Richard, que ce grand commerce dont vous parlez ne serait pas pour moi sans attraits; mon ancien patron, M. Hermel, faisait d'importantes affaires avec les colonies et les pays d'outre-mer, et dès lors je me suis senti assez de goût pour les spéculations de ce genre; mais il faut, pour de pareilles entreprises, des capitaux considérables; puis, si l'on a de beaux bénéfices à espérer, on a aussi de grands risques à courir. Enfin, dans le commerce maritime, les Anglais sont toujours nos maîtres, et depuis qu'ils ont fait la paix avec leurs anciennes colonies révoltées, je me suis laissé dire que leurs bâtiments avaient repris activement la route des principaux ports des États-Unis, et que notre marine, malgré la reconnaissance que conservent pour nous les Américains, ne pouvait entrer en concurrence avec la marine britannique.

— Oui, cela est vrai en général; les Anglais font avec leurs anciennes colonies un trafic plus considérable que nous ne pouvons le faire; mais pour certaines marchandises, qui sont les produits exclusifs de notre sol ou de notre industrie, tels que les vins de Bordeaux, de Champagne, les eaux-de-vie de Cognac et du Midi, les soieries de Lyon, etc., les Anglais ne peuvent lutter avec nous, et nous avons sur eux, à cet égard, un avantage immense dont il faut savoir profiter. Quant aux risques à courir, ils sont beaucoup moindres que vous ne vous le figurez. D'abord il y a les assurances maritimes qui peuvent vous en garantir; ensuite on peut traiter directement avec les armateurs, qui se chargent du transport à leurs risques et périls. Enfin, toutes les expéditions que j'ai faites jusqu'ici m'ont parfaitement réussi; le malheur est qu'elles avaient trop peu d'importance. »

La conversation en resta là le premier jour. Richard ne paraissait nullement décidé à entrer dans les entreprises de Bernier. Il y avait bien quelque chose qui le séduisait; d'un autre côté, son bon sens lui disait que ces entreprises étaient trop hasardeuses, et sa prudence lui conseillait de s'en défier. Il résista pendant plusieurs jours de suite aux sollicitations de Bernier, qui, chaque fois qu'il le rencontrait, renouvelait ses instances. Enfin il consentit à expédier, de compte à demi avec Bernier, une certaine quantité de pièces de basin et d'indiennes à la maison de Lyon que celui-ci lui désigna : celle-ci devait à son tour lui envoyer des soieries pour une valeur égale et même supérieure à celle de leur envoi. L'opération réussit parfaitement : les soieries envoyées en échange furent achetées immédiatement par un armateur du Havre qui se trouvait en ce moment à Paris. Il paya comptant ou en bonnes valeurs à courte échéance.

Ce succès inspira plus de confiance et de hardiesse à Richard. Quelque temps après, Bernier lui proposa une autre opération du même genre que la première, mais sur une échelle beaucoup plus grande. Richard y consentit et engagea dans cette affaire la plus grande partie de son avoir. Tout semblait bien marcher dans le commencement. La valeur des soieries envoyées de Lyon en échange des tissus expédiés par Richard dépassait de beaucoup la valeur de ceux-ci; mais le produit de la vente de ces soieries devait couvrir cette différence, et procurer en outre aux deux associés un énorme bénéfice. Leur armateur du Havre avait acheté sans marchander, et il avait payé, comme la première fois, en valeurs commerciales à courte échéance. Richard et Bernier avaient envoyé de ces valeurs à la maison de Lyon jusqu'à concurrence de ce qu'ils lui redevaient sur leur dernier compte. Mais quelles furent leur douleur et leur surprise lorsqu'au bout d'un mois, la première de ces traites leur revint protestée, avec compte de retour et tous les frais accessoires! Richard en demeura comme anéanti; c'était la première fois que pareille chose lui arrivait. Bernier s'emporta d'abord en imprécations furieuses; puis, quand sa colère fut un peu calmée: « Commençons, dit-il, par rembourser ce papier et les frais; puis je vais partir en poste pour le Havre, et dans vingt-quatre heures nous saurons de quoi il retourne. Gare à notre homme, s'il a voulu nous jouer un tour! »

Une heure après, Bernier courait à franc étrier sur la route du Havre. Le surlendemain Richard recevait de son ami un billet ainsi conçu :

« Nous avons eu affaire à un infâme « fripon, à un audacieux scélérat. Sa « maison est fermée, et il n'y a laissé « que les quatre murs. Il est parti il y a « huit jours avec tout ce qu'il possédait « et avec nos marchandises, sur un na- « vire qui faisait voile pour New-York. « Je profite d'un bâtiment en partance « pour la même destination, et je m'em- « barque dans une heure. Je poursuivrai « notre voleur, je l'atteindrai, fût-il caché « dans les entrailles de la terre, et je lui « ferai rendre gorge, ou sinon... Combien « je suis désolé, mon pauvre Richard, de « l'embarras que je vous occasionne! Ne « m'en veuillez pas trop, je vous en prie,

« et, malgré ce qui arrive, conservez-moi « une part dans votre estime et dans votre « amitié; car, croyez-le bien, je ne suis « pas indigne de l'une et de l'autre. Je « laisse à votre disposition tout ce que je « possède, et je vous envoie ci-jointe « une procuration pour que vous puissiez « vendre ou engager tout ce qui m'appar- « tient, pour éteindre ou au moins atté- « nuer notre passif. Prenez courage, mon « cher ami, cette crise passera; après « l'ouragan, le ciel redevient plus pur et « plus serein. »

« Tout à vous,

« BERNIER. »

Cette lettre n'était guère faite pour rassurer Richard. Cependant l'espèce d'abattement, de prostration, qu'il avait éprouvée d'abord, avait fait place à une résignation calme et réfléchie. Il résolut de faire tête à l'orage jusqu'au bout. Il déposa son bilan au greffe des consuls, qui étaient alors ce qu'est aujourd'hui le tribunal de commerce. Le syndic nommé par le tribunal consulaire fit un rapport on ne peut plus favorable sur la situation de ce jeune commerçant qu'un événement imprévu forçait de suspendre ses paiements, mais qui n'avait pas cherché à détourner un denier de son actif, dont il faisait l'abandon à ses créanciers. Malgré ce rapport favorable, Richard ne fut pas moins obligé de se constituer prisonnier à la Force, qui servait à cette époque de prison pour dettes, en même temps que pour les prévenus de crimes et délits.

Ainsi voilà où l'avaient conduit ses rêves de fortune : au fond d'une prison ! Quelles amères réflexions devaient se présenter à l'esprit de ce jeune homme qui, il y a peu de jours, se voyait à la tête d'une fortune relativement brillante, qui comptait avant la fin de cette même année aller réclamer la main de sa fiancée, et se présenter à son futur beau-père comme un parti aussi riche et aussi honorable qu'il eût pu le désirer pour sa fille! Et maintenant il ne possédait plus rien; moins que rien, puisqu'il ne lui restait que des dettes et le déshonneur s'il ne les payait pas! Car il ne se faisait pas d'illusion : quoique sa conscience ne lui reprochât rien, la prison qu'il subissait n'en était pas moins une tache qu'il ne pourrait effacer qu'en se réhabilitant, c'est-à-dire en désintéressant tous ses créanciers. Mais comment pourrait-il y parvenir tant qu'il resterait en captivité? Ces pensées l'auraient peut-être jeté dans le désespoir, s'il n'eût trouvé dans la religion la résignation et la force pour supporter son malheur.

Après trois mois de captivité, un événement inattendu vint lui ouvrir les portes de sa prison. Le feu prit au quartier des détenus pour crimes ou délits; une partie de ce quartier fut détruite, et, en attendant qu'il fût réparé, on fut obligé de transférer une partie de ces prisonniers au quartier des détenus pour dettes, et de mettre en liberté un certain nombre de ceux-ci pour faire place aux nouveaux venus. On choisit, parmi les *dettiers* à qui l'on accorda cette faveur, ceux dont la situation offrait le plus d'intérêt, et Richard fut compris dans ce nombre.

Une fois rendu à la liberté, il commença par remercier Dieu de cette faveur inespérée, et qu'il était tenté de regarder comme un miracle. Il se sentit comme animé d'une vie nouvelle, et d'une plus grande ardeur pour le travail. Ses malheurs, sa capacité, sa bonne foi, intéressèrent tous ceux qui l'avaient connu. Quand il reparut au café de la Victoire, tous les négociants qui le fréquentaient lui firent l'accueil le plus amical et le plus empressé : ce fut, pour ainsi dire, une ovation. Chacun était depuis longtemps au courant de ce qui lui était arrivé, et on le plaignait d'avoir été la victime d'un fripon, peut-être de deux, car la conduite de Bernier dans cette affaire avait quelque chose de louche; le fait est qu'on n'avait plus entendu parler de lui depuis son départ du Havre, et beaucoup de gens le soupçonnaient d'être allé rejoindre son complice, qu'il feignait de poursuivre. Richard seul le défendait, et soutenait que, comme lui, il avait été trompé et volé par l'armateur. « Laissons ces deux hommes pour ce qu'ils sont, dit tout à coup un des riches négociants de la rue Saint-Denis, et tâchons de nous entendre pour relever ce jeune homme courageux, et digne de nos sympathies, dont ils ont causé la chute. » Ces paroles furent accueillies avec faveur par tout l'auditoire; en un instant une souscription fut ouverte, et elle produisit une somme suffisante pour permettre à Richard de remettre à flot sa barque si déplorablement échouée.

Il se mit aussitôt à l'œuvre avec cette activité et cette ardeur fiévreuse que nous lui connaissons. Avant la fin de l'année 1789, il avait trouvé moyen de rembourser ses anciens créanciers et de rendre à ses amis les avances qui lui avaient été si utiles. Pendant les années 1790 et 1791, ses affaires continuèrent à prospérer d'une manière extraordinaire. A la fin de 1792, il se trouvait deux fois au moins plus riche qu'à l'époque où il s'était si fatalement associé avec Bernier. Ce fut alors qu'il songea à réaliser son mariage avec Mlle Marie Alavoine.

CHAPITRE V

Mariage de Richard. — Ses succès dans le commerce. — La Terreur. — Association de Richard et de Lenoir. — Succès extraordinaires. — Mort de Lenoir.

Tandis que Richard relevait sa fortune et que le succès semblait vouloir de nouveau couronner ses entreprises, la famille Alavoine avait été frappée coup sur coup de malheurs qui l'avaient presque ruinée. La maladie du père avait été comme le signal de leur désastre; puis des remboursements considérables leur avaient été faits en assignats, et leur avaient causé des pertes énormes; enfin un incendie avait récemment détruit une petite ferme qu'ils possédaient dans les environs de Villers-Bocage. La fille aînée, mariée, comme nous l'avons dit, à un collecteur, avait vu son mari mourir de chagrin d'avoir perdu sa place et d'avoir été ruiné par la révolution. La pauvre veuve s'était retirée chez son père avec ses deux enfants en bas âge; elle aidait sa sœur Marie à tenir la boutique, qui avait bien perdu de son importance d'autrefois, et qui offrait à peine, même un jour de marché, de l'occupation pour une seule personne.

Lorsque François Richard revint au pays pour épouser Marie Alavoine, il se trouva quelques-uns de ces gens officieux et intéressés, n'ayant d'estime que pour l'argent, et qui s'imaginèrent lui donner un avis dont il leur saurait gré et dont il s'empresserait de profiter, en lui apprenant la triste situation de la famille Alavoine, et en cherchant à lui persuader que Mlle Marie n'était plus un parti convenable pour lui. Richard se contenta de hausser les épaules, et de répondre à leurs insinuations par un sourire de mépris. Il courut avec empressement chez son vieux parrain, qu'il trouva presque immobile dans le fauteuil où la maladie l'avait cloué.

« Eh bien! lui dit-il, après l'avoir tendrement embrassé, j'espère avoir subi complétement mon temps d'épreuve; sans doute vous ne ferez plus de difficulté de m'accorder la main de Mlle Marie.

— Ah ! mon cher François, ce n'est certes pas moi qui m'opposerai à ton mariage avec ma fille; mais toi, voudras-tu encore l'épouser quand tu sauras que je n'ai pas un sou de dot à lui donner pour le moment, et que je n'ai guère plus à lui laisser après ma mort?

— Un pareil doute, mon parrain, serait injurieux pour moi; mais je ne crois pas que ce soit sérieusement que vous parliez ainsi; sans cela, je vous répondrais : Vous étiez riche et moi je n'avais rien, absolument rien, quand vous n'avez pas hésité à me fiancer votre fille; aujourd'hui que les rôles sont changés, si j'hésitais à remplir l'engagement que j'ai contracté alors, je serais un être méprisable à mes propres yeux et aux yeux de tous les honnêtes gens. »

Les obstacles étant levés, la noce se fit quelques jours après, au mécontentement de quelques envieux qui avaient tenté d'y mettre obstacle. Richard, après avoir laissé à son ancienne et à sa nouvelle famille d'amples marques de sa générosité, emmena sa jeune femme à Paris, et s'installa dans un beau magasin qu'il avait ouvert rue de la Ferronnerie. La nouvelle marchande, par sa bonne tenue, son caractère agréable, son intelligence du commerce, seconda puissamment son mari, et ne contribua pas peu à la prospérité de ses entreprises. Il est à remarquer que cette année, où la révolution agitait fortement les esprits, où le commerce était généralement en souffrance, Richard ne s'aperçut qu'à peine de la stagnation des affaires, et qu'il eut encore la chance de réussir dans plusieurs spéculations très-avantageuses. Cependant il ne crut pas prudent de continuer à engager dans le commerce tous ses capitaux, comme il l'avait fait jusque-là; il en plaça une bonne partie en acquisition d'immeubles, et entre autres dans l'achat de la terre du Fait, près de Nemours. Si ce mode de placement était moins productif que le commerce, il offrait au moins beaucoup plus de sécurité.

Bientôt la tourmente révolutionnaire menaça à son tour de l'atteindre. La chute du trône, les massacres du 2 septembre et le triomphe des anarchistes de la commune de Paris, avaient rempli de terreur la jeune épouse de Richard. Lui-même était menacé d'être arrêté comme *accapareur*, c'était l'accusation banale lancée à cette époque contre les négociants qu'on avait envie de dépouiller. « Partons, dit un jour Mme Richard à son mari, partons; je ne saurais vivre un jour encore dans cette ville où il n'y a plus de sécurité pour les honnêtes gens.

Dès le lendemain, de grand matin,

Richard et sa femme, qui avaient pris des vêtements de villageois, montaient dans une de ces carrioles de maraîchers qui servent à l'approvisionnement de Paris, et sortaient par la barrière du Roule, sans éveiller les soupçons. Ils prirent aussitôt la route de Normandie. Ils arrivaient dans le Calvados et allaient chercher un refuge à la ferme du Trélet, chez le père Richard. Au moment où ils entraient dans la maison, ils furent surpris par un spectacle bien inattendu. Voici en quels termes le raconte M. Henri Berthoud :

« Lorsque le jeune Richard arriva chez « son père, en 1793, les huissiers étaient « en train de saisir les meubles du pauvre « homme. Étant entré avec sa femme, « ils étaient venus à pied depuis la ville « (Caen), leur costume n'annonçait en « rien leur fortune. La surprise du vieil- « lard fut grande lorsqu'il vit son fils « prendre des mains de sa femme une « bourse pleine d'or, renvoyer les gens « de loi et sauter au cou de sa mère. »

Les jeunes époux restèrent près de deux ans dans leurs familles. Pendant ce temps-là le père et la mère Alavoine moururent. Richard releva la petite boutique de Villers-Bocage qu'il laissa à sa belle-sœur, la veuve du collecteur. La ferme du Trélet ayant été mise en vente, il en fit l'acquisition au nom de son père, et en donna l'exploitation à son frère aîné, sous la seule condition de nourrir et de soigner leurs vieux parents.

Enfin, quand le règne de la Terreur fut passé, quand la chute de Robespierre eut rendu un peu d'espoir et de sécurité au commerce, le jeune couple reprit le chemin de Paris, et se lança de nouveau dans les affaires commerciales.

Un jour Richard assistait à une vente publique de marchandises consistant en toiles de fil et de coton et en draps d'Elbeuf et de Louviers. Il avait déjà fait quelques acquisitions de peu d'importance, lorsqu'on exposa un lot de drap de Louviers, sur lequel il mit aussitôt une enchère; elle fut presque en même temps couverte par un personnage qu'il ne connaissait pas. Richard mit une surenchère; l'étranger s'empressa encore de la couvrir. Alors Richard regarda avec plus d'attention son concurrent : c'était un jeune homme de bonne mine, à la physionomie intelligente et sérieuse, empreinte d'une douceur et en même temps d'une franchise qui inspiraient la sympathie. Ce fut ce sentiment qu'éprouva Richard en examinant ce jeune homme, et il cessa d'enchérir sur lui. Le crieur eut beau répéter de sa voix la plus retentissante : « Une fois! deux fois! c'est bien vu, bien entendu... personne ne dit plus rien... » Un silence profond lui répondit, et enfin il se vit forcé d'ajouter : Une fois!... deux fois!... trois fois! Adjugé à M. Lenoir-Dufresne, d'Alençon. »

La vente terminée, l'adjudicataire s'approcha de Richard, et lui dit en souriant d'un air gracieux : « Permettez-moi, Monsieur, de vous remercier de la délicatesse de votre procédé, et de vous offrir, si cela peut vous être agréable, d'entrer de moitié dans mon marché.

Richard accepta sans hésiter, moins dans l'espoir du gain que pourrait lui procurer cette affaire, qu'entraîné par le désir de faire la connaissance d'un homme qui avait su lui plaire dès le premier aspect. Telle fut l'origine d'une liaison qui devint plus tard si intime, et qui eut des résultats si avantageux pour les deux amis et pour l'industrie française. Mais, avant de parler de cette liaison et de ses premiers effets, il est nécessaire de faire connaître ce personnage dont l'existence va se lier désormais d'une manière indissoluble avec celle de Richard.

Il se nommait Jean-Daniel-Guillaume-Joseph Lenoir-Dufresne, et était né à Alençon le 24 juin 1768. Il était, par conséquent, de trois ans plus jeune que Richard, et il avait environ vingt-huit ans la première fois qu'ils se rencontrèrent. Volontaire de 1791, Lenoir s'était trouvé l'année suivante à la bataille de Jemmapes; peut-être aurait-il suivi la carrière des armes, dans laquelle il avait déjà trouvé un avancement rapide, s'il n'eût été, en 1796, rappelé à Alençon par la mort de son père, qui, après avoir tenu à Paris un magasin de draperie, s'était retiré dans sa ville natale. Le jeune Lenoir, qui avait toujours eu du goût pour le commerce, résolut de rouvrir le magasin que son père avait tenu à Paris. C'est dans cette intention qu'il était revenu dans cette ville, lorsque le hasard lui fit faire, comme nous l'avons vu, la connaissance de Richard.

Cette liaison, commencée d'une manière si soudaine, ne tarda pas à devenir plus étroite. Chacun de ces deux hommes retrouvait dans l'autre les qualités qui lui manquaient; aussi a-t-on dit avec raison qu'ils se complétaient l'un par l'autre. En peu de temps ils devinrent amis intimes, et bientôt associés dans toutes leurs affaires commerciales, sous la raison sociale Richard-Lenoir. Cette association, en unissant deux hommes qui se convenaient si bien, leur fournit chaque jour l'occasion de s'apprécier mutuellement. Lenoir joignait à une intelligence exquise beaucoup de patience et de circonspection; Richard, plus entreprenant, était audacieux dans ses projets et constant dans leur exécution; il émettait parfois des idées neuves, hardies, qui étonnaient Lenoir, et auxquelles il n'aurait pas pensé; mais celui-ci jugeait aussitôt si elles étaient praticables, et alors seulement les deux amis les adoptaient définitivement et en poursuivaient la réalisation jusque dans leurs dernières conséquences. La hardiesse des conceptions de Richard, la sagesse et la circonspection de Lenoir, chez tous deux ce génie du commerce qui seul fait éclore les bonnes spéculations, féconde les moyens employés et les fait réussir, rendirent cette alliance de capacités diverses une puissance réelle, dont les efforts ne furent pas moins heureux que les résultats étonnants. C'est ainsi qu'ils formèrent ces gigantesques entreprises de filature et de tissage, dont les produits devaient entrer d'une manière victorieuse en concurrence, avec les produits similaires de l'industrie britannique, et faire au commerce de l'Angleterre une guerre plus humaine et peut-être plus redoutable que celle que lui faisaient nos armées de terre et de mer. Voici comme on raconte l'origine de ce vaste et audacieux projet.

Après un an à peine d'association, nos deux amis firent leur inventaire et constatèrent la réalisation de cent cinquante mille francs de bénéfices, obtenus principalement sur la vente des basins, des piqués et des calicots d'origine anglaise.

« Voilà, dit Richard à son ami, un assez beau résultat sans doute; mais il serait bien autrement brillant si nous pouvions nous affranchir de la fabrication anglaise.

— Cela est certain, mais cela n'est guère possible; puis, cela serait-il possible, reste à savoir si les frais de cette fabrication n'absorberaient pas la plus grande partie des bénéfices, et si, par conséquent, cela vaudrait la peine de tenter une pareille entreprise.

— C'est juste, reprit Richard; mais depuis bien des années que je m'occupe de la vente de ces articles, j'ai fait là-dessus des calculs qui me prouvent qu'on ne perdrait pas sa peine si l'on voulait sérieusement s'occuper de cette fabrication. Tenez, par exemple, combien estimez-vous la valeur de la matière première, fil pour la chaîne et coton pour la trame, qui entre dans une aune de basin (un mètre vingt centimètres)?

— Ma foi, je n'ai jamais fait ce calcul...; vous savez d'ailleurs que je m'occupais du commerce des draps.

— Eh bien, moi je l'ai fait plusieurs fois, et rien n'est plus facile que de le vérifier. J'ai reconnu que la matière brute d'une aune de basin coûte au maximum un franc cinquante centimes; or cette aune confectionnée se vend dix francs: c'est donc huit francs cinquante centimes qui restent pour la main-d'œuvre et les bénéfices; et comme, par les procédés économiques de fabrication employés en Angleterre, cette main-d'œuvre n'est que de cinquante centimes au *maximum*, il en résulte un bénéfice net de huit francs par aune, soit soixante-quatre francs par pièce de huit aunes; et comme nous avons vendu cette année cinq mille pièces de cet article seulement, cela ferait un bénéfice de trois cent vingt mille francs. Il me semble, mon cher ami, que cela vaut la peine d'y réfléchir. »

C'est ce que fit Lenoir avec toute la maturité dont il était capable, et le résultat de ses réflexions fut que nos deux associés entreprirent courageusement et avec résolution la fabrication des tissus d'après les procédés anglais. Un prisonnier de cette nation, nommé Brown, initia à la pratique de ces procédés quelques ouvriers français ; et bientôt, à Paris même, les guinguettes de la rue Bellefond, l'hôtel de Thorigny, au Marais, l'ancien couvent de Bon-Secours, rue de Charonne, au faubourg Saint-Antoine, furent peuplés de métiers qui convertirent en beaux tissus les fils tirés encore d'Angleterre. Ces fils ne tardèrent pas à manquer; mais nos industriels surent bientôt y remédier : grâce à un autre ouvrier anglais, nommé Bronwels, vingt-deux *mull-jennies* (1) furent bientôt improvisés et produisirent des fils d'une grande beauté, que l'on ne tarda pas à perfectionner encore, et qui suffirent à l'exigence d'une rapide fabrication.

(1) Les Anglais nomment *mull-jenny* la machine ou le métier à filer. Ce métier contient un certain nombre de broches qui varie de 300 à 500; on en fait aussi de 100 à 200 broches. On appelle broches de petites tiges ou verges de fer adaptées au rouet des métiers à filer, et sur lesquelles le fil, le coton, la laine, se roulent à mesure qu'ils sont filés. Le mot *mull-jenny* s'applique proprement à l'appareil employé pour conserver le parallélisme au mouvement du chariot dans le métier à filer; puis, par extension, il se prend pour le métier lui-même.

Ces machines, déjà fort remarquables, furent bientôt encore améliorées par Richard et par Lenoir, qui y consacrèrent toute la constance et toute l'application dont ils étaient capables, et qui eurent la gloire de les porter à un degré de perfection inconnu jusqu'alors.

L'établissement des métiers à filer nécessita de nouveaux emplacements pour les loger; ce fut à cette occasion que Richard s'empara en quelque sorte de vive force du couvent de Bon-Secours de la rue de Charonne. Ces vastes bâtiments, abandonnés depuis 1790, appartenaient à l'État, qui les laissait dans un état d'abandon déplorable. Richard offrit au gouvernement (c'était alors le Directoire) de les louer pour un prix avantageux; on ne lui répondit rien; alors il se crut tacitement autorisé à s'y installer, au moins provisoirement. On le laissa tranquille pendant un certain temps; mais après la révolution du 18 brumaire, un gouvernement plus ferme ayant succédé au Directoire, le ministre de la guerre voulut reprendre les bâtiments du couvent de Bon-Secours, auxquels il se proposait de donner une destination spéciale. Déjà un commissaire ordonnateur envoyé par le ministre allait expulser les manufacturiers, lorsque, à la vue des métiers en activité sous la main de plusieurs milliers d'ouvriers, il fut saisi de surprise et d'admiration.

Richard et Lenoir s'en aperçurent, et profitèrent de cette circonstance pour le prier instamment de suspendre l'exécution des ordres dont il était porteur, jusqu'à ce qu'ils eussent sollicité auprès du premier consul la régularisation de leur position, qu'ils avaient vainement demandée au Directoire.

Non-seulement le commissaire acquiesça à leurs désirs, mais il leur promit d'appuyer de tout son pouvoir leur pétition au chef de l'État. Bonaparte était trop favorable à la création d'entreprises de ce genre, qui tendaient à élever l'industrie française et à porter un rude coup au commerce anglais, pour ne pas accucillir avec bienveillance la demande des deux associés. Il commença par faire suspendre toute poursuite au sujet de la possession illégale des bâtiments de la rue de Charonne; puis, voulant apprécier par lui-même cette nouvelle industrie, il vint incognito d'abord, et ensuite avec le préfet de la Seine, visiter les établissements de Richard et Lenoir. Après avoir examiné jusque dans les plus petits détails les diverses opérations de la filature et du tissage, et avoir vu fonctionner les métiers, il donna les plus grands éloges aux deux industriels, les encouragea et les assura de sa puissante protection.

A l'*Exposition des produits de l'industrie nationale*, en 1801, lors de la visite qu'il y fit, il donna une attention particulière sur la loge de Richard et de Lenoir. Il leur porta de nouveaux encouragements, et les loua publiquement de ce qu'au lieu de se contenter des bénéfices certains que leur aurait procurés la vente des tissus anglais, ils avaient préféré se jeter dans les chances de la fabrication, afin de soustraire leur pays au tribut qu'il payait à l'Angleterre, et de donner du travail, du pain et une nouvelle industrie à des milliers de familles. « Il est juste, dit-il en terminant, que le succès couronne de si nobles efforts; car il n'y a pas ici seulement une entreprise grande, hardie, presque audacieuse; il y a un acte véritable de dévouement et de patriotisme. »

Une des principales médailles d'honneur de l'Exposition leur fut décernée.

A compter de ce moment, l'entreprise des deux amis prit une extension telle, que bientôt les établissements de Paris ne suffirent plus à la fabrication. Richard et Lenoir firent l'acquisition, à Séez, du local magnifique des anciens bénédictins de Saint-Martin, et y fondèrent une des plus belles manufactures de France, qui contenait cent *mull-jennies* et deux cents métiers à tisser. Bientôt d'autres établissements du même genre s'élevèrent dans l'ancien couvent des bénédictines d'Alençon, pays de Lenoir, à l'ancienne abbaye d'Aunay, dans le Calvados, près du village où Richard avait reçu le jour; enfin, des fabriques furent fondées à Laigle, à Caen, à Chantilly, etc. A cette époque, les bénéfices des associés étaient immenses comme leur renom et leur crédit. Leurs produits rivalisaient avec ceux de Manchester et de Birmingham, en dépit des préventions de l'anglomanie. En 1806, le nombre de leurs ouvriers et employés, à Paris seulement, s'élevait à près de quinze mille. On aura une idée de l'immense mouvement de capitaux que nécessitait leur industrie, quand on saura que le salaire des ouvriers et employés de leurs divers établissements s'élevait à huit cent mille francs par mois : neuf millions six cent mille francs par an!

Malheureusement un coup terrible vint les frapper au milieu de cette prospérité inouïe. Lenoir, atteint d'une fièvre pernicieuse, succomba après quelques jours de maladie, le 22 avril 1806. Avant de mourir, il fit promettre à Richard qu'il continuerait seul avec persévérance l'œuvre qu'ils avaient commencée ensemble, et que leurs noms resteraient inséparables comme l'avaient été leurs intérêts et leurs affections : cette promesse a été fidèlement exécutée, et dès lors ces deux noms sont toujours restés unis.

Nous n'essaierons pas de peindre la douleur de Richard, ni celle des nombreux ouvriers de leurs établissements. Un trait suffira pour en donner une idée. L'inhumation de Lenoir eut lieu dans l'église Sainte-Marguerite (faubourg Saint-Antoine). Une foule immense, toute composée des ouvriers et employés de la fabrique, la remplissait, et tous n'avaient pu y trouver place. Au moment de l'absoute, le curé de Sainte-Marguerite voulut prononcer quelques paroles en l'honneur du défunt; mais les sanglots et les gémissements de tout l'auditoire couvrirent bientôt la voix du pasteur, qui, gagné lui-même par l'émotion, ne put que mêler ses larmes à celles de ses paroissiens. Quelle oraison funèbre aurait eu plus d'éloquence ?

Lenoir était un homme d'un caractère froid et calme, ferme et conciliant avec ses égaux comme avec ses suborbonnés, honnête et franc avec tout le monde. Il était persévérant dans les idées dont il sentait la justesse, et cette persévérance n'était pas l'opiniâtreté de l'entêtement : c'était la conviction d'un bon esprit, qui a la conscience de sa raison et le sentiment de ses forces. Cette application, cette constance lui aplanissaient les obstacles. Ce fut par elles qu'il vint à bout, de concert avec Richard, de perfectionner d'abord les premières machines qu'ils avaient fait construire, et qu'il contribua ensuite, pour une large part, à élever leur maison au degré de prospérité qu'elle avait atteint au moment de sa mort.

CHAPITRE VI

Malheurs de Richard après la mort de son ami. — 1814-1815. — Il se retire des affaires. — Sa mort.

La mort de Lenoir faisait peser sur Richard seul le lourd fardeau dont il avait jusque-là partagé le poids avec son ami. Une âme moins fortement trempée y eût succombé; mais Richard, surmontant la douleur profonde qui l'oppressait, s'arma de courage et poursuivit résolûment l'entreprise qu'ils avaient formée ensemble : il regardait ce surcroît de travail comme l'accomplissement d'un devoir, comme un hommage rendu aux dernières volontés de son ami mourant.

Rien ne fut donc changé par la mort

de l'un des chefs dans l'établissement Richard-Lenoir. L'entreprise continua sa marche progressive, comme une puissante machine continue à se mouvoir quand une des mains qui la dirigeaient a cessé de fonctionner. Dans cette année 1806, marquée par une perte si cruelle, la maison Richard-Lenoir reçut de nouveaux encouragements et de nouvelles distinctions. A l'Exposition qui eut lieu cette même année, la loge Richard-Lenoir excita l'admiration de tous, et obtint du jury d'examen de justes récompenses.

L'empereur Napoléon voulut rendre un éclatant hommage au mérite du célèbre industriel. Il se rendit à sa fabrique du faubourg Saint-Antoine, et là, en présence de ses nombreux ouvriers, il lui remit la croix de la Légion d'honneur, en disant : « Monsieur Richard, je vous félicite de la manière dont vous faites la guerre à nos ennemis les Anglais; aussi, j'ai tenu à vous décorer sur votre champ de bataille même, et au milieu de vos braves combattants. »

Nous ne croyons pas exagérer en disant que les voûtes du vieil édifice faillirent s'écrouler aux bruyantes acclamations de ces milliers d'ouvriers.

La même année 1806 fut encore signalée par un succès qui avait été préparé du vivant de Lenoir. Depuis longtemps Richard et lui avaient songé au moyen de s'affranchir, au moins en partie, du tribut qu'ils payaient aux Américains pour leurs cotons; car ils tiraient principalement cette production de la Géorgie, de la Caroline, de la Virginie, du Tennessee, etc.; mais les frais de navigation étaient devenus énormes depuis la guerre entre la France et l'Angleterre, qui ne permettait plus aux navires français de faire ce transport, ce qui forçait de se servir de navires appartenant à des neutres dont le fret était très-élevé. Nos deux amis avaient donc imaginé de faire cultiver du coton sur le continent européen, dans les contrées méridionales soumises à l'influence de l'empire français. Il firent en conséquence semer des graines de ce précieux végétal dans quelques provinces du royaume de Naples; cet essai réussit, et vers la fin de 1806 Richard obtint plus de vingt-cinq mille kilogrammes de coton provenant de cette récolte.

Cette prospérité resta stationnaire encore quelque temps, malgré les nombreuses fabriques rivales qui s'élevèrent en France à cette époque, et qui eurent plus ou moins de succès. Mais en 1810, des droits assez élevés furent imposés à l'entrée en France des cotons bruts de toutes provenances, même de ceux du royaume de Naples. Cette mesure fiscale causa de grands embarras à Richard. Forcé d'augmenter le prix de ses produits, il en trouva l'écoulement beaucoup plus difficile, tandis qu'il ne pouvait restreindre sa fabrication sans réduire à la misère une foule d'ouvriers. Il fut obligé d'emprunter plusieurs millions, et même de s'adresser à l'empereur Napoléon, qui lui avança quinze cent mille francs. A l'aide de ces secours, Richard parvint à sauver la nouvelle industrie et à soutenir ses établissements.

Si ce grand fabricant n'eût consulté que ses avantages, il aurait pu alors, comme bien des personnes le lui conseillaient, liquider ses affaires et se retirer avec une fortune de trois cent mille francs de rente au moins; car son actif s'élevait alors à quatorze millions au moins, et son passif n'atteignait pas la moitié de cette somme: c'était donc sept millions qui lui seraient restés, et qui représentent, à cinq pour cent, un revenu de trois cent cinquante mille francs; mais il répondit à ceux qui lui faisaient cette proposition : « Et que deviendront mes ouvriers si j'écoute vos conseils? Ils sont tous mes enfants, et je ne veux pas les laisser sans travail et livrés à la misère, tandis que moi, leur père, je serais dans l'opulence. Tant qu'il me restera un écu et un morceau de pain, je les partagerai avec eux. »

Il continua donc à lutter avec courage contre la crise commerciale qu'avaient occasionnée les guerres incessantes du premier empire et le système continental. Prévoyant la décadence de ses belles manufactures de coton, il songea à exercer son active industrie sur la filature de la laine, pour laquelle le gouvernement impérial avait proposé un prix d'un million. Mais il n'avait plus auprès de lui son cher Lenoir pour féconder ses idées, et les faire heureusement aboutir, comme cela avait eu lieu pour le tissage et la filature du coton. Cependant il ne désespérait pas du succès, lorsque les désastres de la campagne de Russie vinrent encore retarder l'espoir de la paix.

Pendant l'année 1813, Richard eut bien d'autres soucis que de s'occuper d'inventions nouvelles. Napoléon, qui appréciait l'influence que ce riche manufacturier exerçait sur le faubourg

Saint-Antoine, le nomma colonel de la huitième légion de la garde nationale parisienne. Ce corps était en entier composé d'habitants du faubourg, et pour les trois quarts au moins des ouvriers de la fabrique Richard-Lenoir. Chacun de ces ouvriers en état de porter les armes devint un soldat; il les habilla, les fit exercer et les anima du dévouement qu'il avait lui-même pour la patrie et pour l'empereur, dévouement qui ne devait pas tarder à être mis à l'épreuve.

A l'époque de l'invasion de la France, il prodigua son activité et sa fortune pour améliorer l'état de sa légion et de tout ce qui devait concourir à la défense de Paris. Lui-même, lorsque la ville fut attaquée, il déploya non-seulement du zèle et de la générosité, mais il paya courageusement de sa personne, pendant la bataille qui se livra, sous les murs de Paris, le 30 mars 1814.

L'armée des puissances alliées, forte de plus de deux cent mille hommes, s'était divisée en trois corps pour attaquer Paris sur trois points différents. Tandis qu'on se battait sur les hauteurs de Romainville et du côté de Clichy, une colonne ennemie attaquait Montreuil, Bagnolet et Charonne. Il n'y avait d'autres troupes, pour défendre l'entrée du faubourg Saint-Antoine et la barrière du Trône menacées, que la légion commandée par Richard, un détachement de dragons, et, en avant de la barrière, une batterie servie par des vétérans et par les élèves de l'École polytechnique. Cette batterie, s'étant engagée trop avant sur l'avenue de Vincennes, afin de tirer contre la cavalerie ennemie, fut tournée par quelques escadrons, qui, passant par Saint-Mandé, vinrent la prendre à revers. Les braves élèves de l'École résistèrent vaillamment; déjà quelques-uns avaient été sabrés sur leurs pièces, et le reste allait succomber, lorsque Richard, à la tête de sa légion, accourut à leur secours, reprit les pièces, et ramena la batterie sur les hauteurs de Charonne. Là, aidés des gardes nationaux de la huitième légion et d'une foule d'hommes du peuple armés de fusils de chasse, nos braves jeunes gens continuèrent à faire un feu meurtrier (1). Mais cet épisode isolé n'eut aucune influence sur la bataille, qui se termina, comme on le sait, par la capitulation de Paris.

Après la bataille, d'autres soins occupèrent Richard. Les hôpitaux renfermaient une foule de gardes nationaux et de soldats blessés, réduits à une position pénible. Il les visitait, les consolait, et s'efforçait d'améliorer leur sort, souvent aux dépens de sa bourse, toujours au détriment de ses manufactures négligées. Un grand nombre de gardes nationaux et d'hommes du peuple, habillés en bourgeois, avaient été pris les armes à la main pendant la bataille de Paris. D'après

(1) M. Thiers, *Histoire du Consulat et de l'Empire*, t. XVII, p. 603 et 604.

une proclamation publiée par les alliés à leur entrée en France, ils avaient déclaré que ne faisant la guerre qu'à Napoléon et à son armée, tout homme non militaire qui serait saisi les armes à la main se battant contre les troupes alliées, passerait devant un conseil de guerre et serait condamné à être fusillé. Richard, instruit de ce qui se passait, demanda une audience à l'empereur Alexandre; l'ayant obtenue, il parla avec feu en faveur de ces malheureux ouvriers, la plupart pères de famille, et qu'un sentiment honorable avait portés à prendre les armes pour la défense de leurs foyers; il fit craindre un soulèvement général, dont les suites seraient incalculables, si ces infortunés tardaient à être rendus aux larmes de leurs femmes et de leurs enfants.

Sur un ordre de l'empereur de Russie, ils furent sur-le-champ mis en liberté.

La paix était revenue en 1814, avec le retour des Bourbons; la mer était libre désormais, et le commerce et l'industrie semblaient devoir reprendre une nouvelle vie. Cela pouvait être vrai en général, et dans un avenir plus ou moins éloigné; mais pour Richard les événements de cette année l'avaient frappé de nouveau dans ses intérêts. L'entrée des armées alliées en France avait largement ouvert notre pays à l'importation des tissus anglais. C'était une invasion d'un autre genre, une véritable inondation de marchandises si longtemps prohibées, qui devait nécessairement déprécier les produits de nos manufactures.

Richard sentit péniblement le contre-coup de cette concurrence imprévue; il soutint de son mieux la lutte, mais ses forces commençaient à s'épuiser. Continuant à vivre au milieu de ses ouvriers, il cherchait à leur donner un espoir qu'il ne partageait pas lui-même. Il leur disait que le rétablissement des douanes qui venait d'avoir lieu sur toutes nos frontières, nous garantirait désormais contre une nouvelle importation des marchandises étrangères, et que la valeur de nos produits manufacturés ne tarderait pas à se relever. En attendant, il les encourageait à redoubler de soins dans la fabrication; car le moyen de lutter avantageusement contre toute concurrence est de faire mieux, au meilleur marché possible.

Tandis qu'il cherchait ainsi à ranimer leur courage, voici qu'une nouvelle extraordinaire, merveilleuse, éclate comme une bombe au milieu de la population ardente de ce faubourg si facile à agiter. L'empereur a quitté l'île d'Elbe..., il est débarqué en France; il est arrivé à Lyon; il marche sur Paris...; le 20 mars 1815, il entre au palais des Tuileries!... Un enthousiasme indicible s'empare de toutes ces têtes; les ateliers sont désertés; on va enfin laver l'affront que les étrangers ont fait subir, il y a un an à peine, à Paris et à la France! On ne songe plus à travailler; on ne songe qu'à se battre, et les ouvriers du faubourg Saint-Antoine s'organisent en un corps de fédérés, et choisissent à l'unanimité pour leur chef le grand manufacturier de la rue de Charonne, celui qui les a si bravement conduits au feu un an auparavant.

Richard, qui, tout dévoué qu'il était à l'empereur, était loin de partager l'enthousiasme de ses ouvriers, car il augurait mal des suites de ce retour plus audacieux que prudent, aurait volontiers décliné l'honneur qu'on voulait lui faire; mais, craignant que ces hommes exaltés ne se portassent à des excès regrettables et qui eussent pu les compromettre gravement; d'un autre côté, considérant l'ascendant qu'il exerçait sur eux, et qui lui permettait de les retenir s'ils étaient tentés de se livrer à de dangereux écarts, il accepta le titre qu'ils lui proposaient.

Son but n'avait été que d'empêcher le désordre, et l'on peut dire que sauf quelques promenades bruyantes, avec tambours, drapeaux et chants patriotiques, il avait réussi à rendre les démonstrations de ses subordonnés tout à fait inoffensives. Cependant, lors de la seconde rentrée des Bourbons, sa conduite pendant les cent-jours n'en fut pas moins sévèrement jugée, et, au grand étonnement de tous ceux qui le connaissaient, son nom fut inscrit sur la liste de proscription et d'exil du 24 juillet 1815. Richard, se souvenant de l'accueil bienveillant qu'il avait reçu de l'empereur de Russie dans l'affaire des ouvriers prisonniers, et menacés de passer à un conseil de guerre, résolut de s'adresser de nouveau à ce souverain. Il en appela des conseillers de Louis XVIII à Alexandre Ier, et se présenta à ce prince, qui le reçut avec son affabilité ordinaire, et lui dit avec bonté : « Non, il n'est pas possible que la France rejette de son sein et envoie en exil à l'étranger celui qui l'a dotée de tant et de si beaux établissements d'industrie. J'en parlerai au roi, et j'espère obtenir la réparation d'une erreur évidente. » Il tint parole, et, à la sollicitation du monarque russe, le monarque français ordonna la radiation du nom de Richard sur la fatale liste.

Richard resta donc en France, mais non plus dans sa brillante position de fortune et d'affaires. Il vit chaque jour décroître son opulence, et fut forcé peu à peu de vendre ses belles propriétés pour payer ses créanciers. Il avait perdu sa femme depuis longtemps, et n'avait de son mariage qu'une fille, qu'il avait mariée à M. Lefebvre-Desnouettes, le frère du célèbre général de ce nom. Lorsque Richard eut vendu toutes ses propriétés et satisfait tous ses créanciers, il ne lui resta plus rien, et il fut réduit à vivre d'une pension que lui faisait son gendre.

Bientôt oublié, presque méconnu, Richard-Lenoir mourut à Paris, à l'âge de soixante-quinze ans, en octobre 1840. Son convoi fut sans faste, mais non sans dignité : plus de deux mille ouvriers escortèrent jusqu'à son dernier asile le créateur de plus de quarante filatures, et d'un beaucoup plus grand nombre d'ateliers de tissage, l'homme de bien qui avait possédé quatorze millions, et doté sa patrie d'une immense industrie.

Richard offre dans sa longue existence un des plus bizarres exemples des vicissitudes de la fortune; après s'être élevé de la position la plus infime à une fortune opulente, il retomba, pendant les dernières années de sa vie, dans un état obscur et presque voisin de la misère; mais ce qui est admirable, c'est que ni les plus brillantes faveurs de la fortune ne l'ont ébloui, ni les coups les plus terribles de l'adversité n'ont abattu son courage. En résumé, il aura toujours le mérite d'avoir créé en France une branche d'industrie utile, d'avoir fondé un grand nombre d'établissements, d'avoir occupé durant plus de quinze ans plusieurs milliers de familles, d'avoir fait descendre à bas prix un produit nécessaire, et qui est aujourd'hui mis à la portée des plus pauvres.

Quand il était riche, il faisait de sa

fortune un noble usage, et son désintéressement, son patriotisme, l'affection qu'il portait à ses employés, à ses ouvriers, lui imposèrent des sacrifices qui, joints aux malheurs des temps, finirent par causer sa ruine. Doué d'une figure noble, prévenante, d'un organe pur et sonore, conservant beaucoup de simplicité et de modestie sans affectation, il plaisait au premier coup d'œil, et commandait la confiance par sa franchise et sa loyauté.

Napoléon III, pour honorer la mémoire de Richard-Lenoir, a donné son nom au magnifique boulevard qu'on a formé en recouvrant d'une voûte le canal Saint-Martin, depuis la place de la Bastille jusqu'à la rue du Faubourg-du-Temple.

FIN

TABLE

—

Tours. — Impr. Mame.

BIBLIOTHÈQUE

LA

JEUNESSE CHRÉTIENNE

FORMAT PETIT IN-8°

ADOLPHE, ou Comment on se corrige de l'Étourderie, par Ét. Gervais.
ANSELME, par Étienne Gervais.
ANTONIO, ou l'Orphelin de Florence, par L. F.
AVENTURES D'UN FLORIN (les), racontées par lui-même.
BARONNE DE CHANILLY (la), par Étienne Gervais.
BARQUE DU PÊCHEUR (la), par L. F.
BASTIEN, ou le Dévouement filial, par Mme Césarie Farrenc.
BATELIÈRE DE VENISE (la), par Mlle Louise Diard.
BONNES LECTURES (les), Souvenirs et Récits authentiques, par F. Cassan.
CHAUMIÈRE IRLANDAISE (la), par L. F.
CLÉMENTINE, ou l'Ange de la réconciliation, par Marie-Ange de T***.
CORBEILLE DE FRAISES (la), par Marie-Ange de T***.
DIRECTRICE DE POSTE (la), par Marie-Ange de T***.
ÉLISABETH, ou la Charité du pauvre récompensée, par M. d'Exauvillez.
ÉLOI, ou le Travail, par Étienne Gervais.
EMMA ET ADÈLE, par Mlle Anna Roch.
EXILÉES DE LA SOUABE (les), par Mlle Louise Diard.
FILLE DU MEUNIER (la), ou les Suites de l'Ambition, par Mlle L. Diard.
FRÉDÉRIC BERTAL, ou Égarement et Repentir, par Frédéric Bugat.
HENRIETTE, ou Piété filiale et Dévouement fraternel, par Stéph. Ory.
JACQUES BLINVAL ou l'ami chrétien, par J.-N. Tribaudeau.
JUDITH, ou l'une des Mille Merveilles de la Providence, par M. l'abbé Henry, directeur général au petit séminaire de Langres.
LUCIA CESARINI, par Mme de Labadye.
PÊCHEUR DE PENMARCK (le), par E. Bossuat.
SOLITAIRE DU MONT CARMEL (le).
TANTE MARGUERITE (la), par Marie-Ange de T***.
TÉRÉSA, par E. Bossuat.
TROIS COUSINS (les), ou le Prix du temps, par Théophile Ménard.
VIERGE DES CAMPAGNES (la), ou Vie de la bienheureuse Oringa, par M. l'abbé Henry.
[illegible] (le), suivi des DEUX MARIÉES, par Maurice Barr.

Tours. — Impr. Mame.

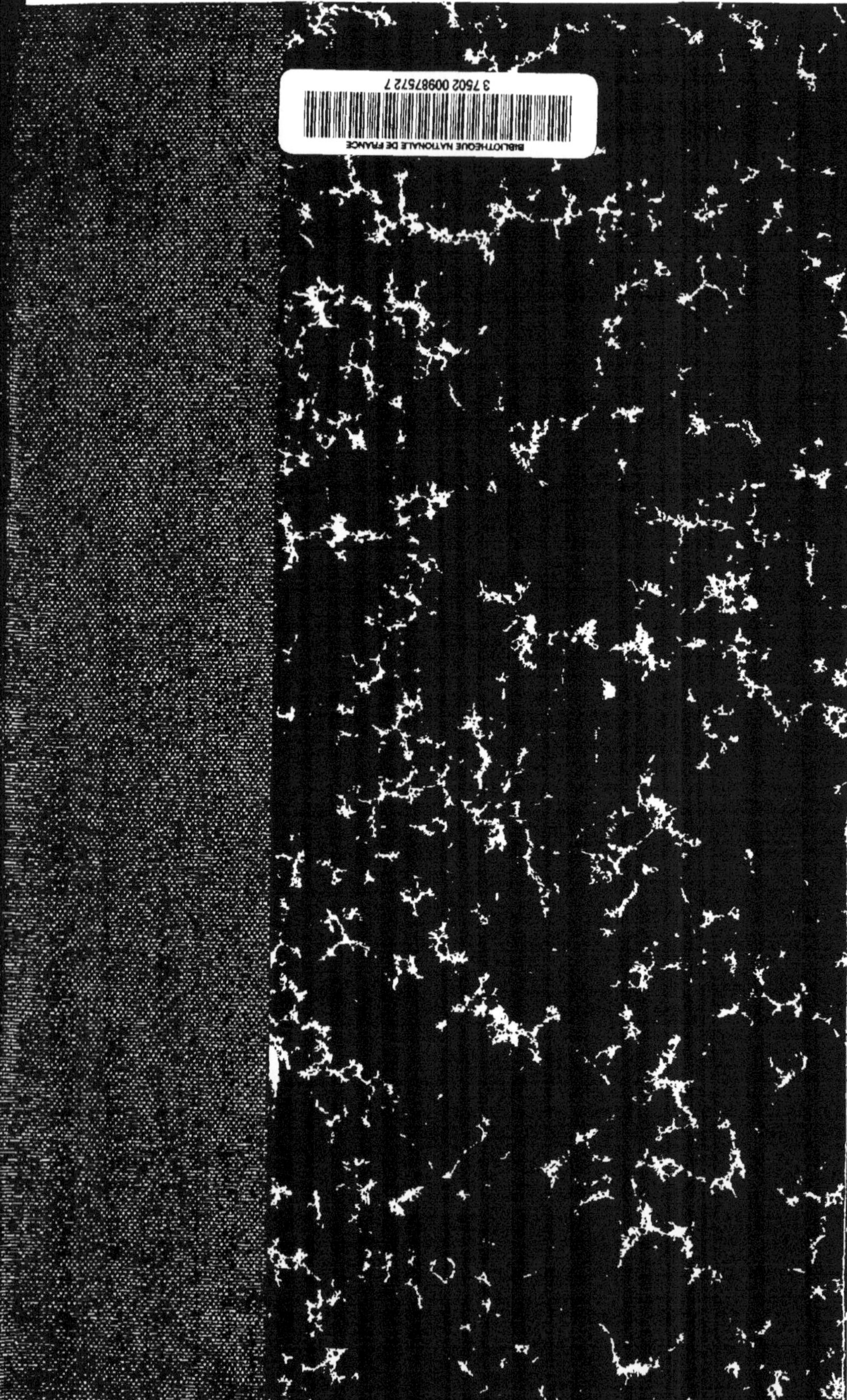
BIBLIOTHEQUE NATIONALE DE FRANCE
3 7502 00987572 7

www.ingramcontent.com/pod-product-compliance
Ingram Content Group UK Ltd.
Pitfield, Milton Keynes, MK11 3LW, UK
UKHW020145200726
13856UKWH00003B/864

9 782012 187771